1+X 职业技术 · 职业资格培训教材

物流师（国际货代）

四级

实务操作篇

主　编　孙红菊
副主编　张　慧　马　洁
编　者　黄　鑫　张桂娟　宋　媛
主　审　马　伊

中国劳动社会保障出版社

图书在版编目(CIP)数据

物流师：国际货代．四级．实务操作篇/上海市职业培训研究发展中心组织编写．—北京：中国劳动社会保障出版社，2012

1＋X职业技术·职业资格培训教材

ISBN 978－7－5045－9518－8

Ⅰ.①物…　Ⅱ.①上…　Ⅲ.①国际货运-货运代理-技术培训-教材　Ⅳ.①F511.41

中国版本图书馆CIP数据核字(2012)第056172号

中国劳动社会保障出版社出版发行

(北京市惠新东街1号　邮政编码：100029)

出 版 人：张梦欣

＊

三河市华骏印务包装有限公司印刷装订　新华书店经销

787毫米×1092毫米　16开本　10.75印张　200千字

2012年5月第1版　2015年1月第3次印刷

定价：22.00元

读者服务部电话：010－64929211/64921644/84643933

发行部电话：010－64961894

出版社网址：http：//www.class.com.cn

内 容 简 介

本教材由人力资源和社会保障部教材办公室、中国就业培训技术指导中心上海分中心、上海市职业培训研究发展中心依据上海 1 + X 物流师（国际货代）（四级）职业技能鉴定细目组织编写。教材从强化培养操作技能，掌握实务技术的角度出发，较好地体现了当前最新的实用知识与操作技术，对于提高从业人员基本素质，掌握物流员（国际货代）的核心技能有直接的帮助和指导作用。

本教材在编写中根据本职业的工作特点，以能力培养为根本出发点，采用模块化的编写方式。全书共分为 3 章，内容包括：海上运输、航空运输和其他运输。

本教材可作为物流师（国际货代）（四级）职业技能培训与鉴定考核教材，也可供全国中、高等职业技术院校相关专业师生参考使用，以及本职业从业人员培训使用。

前　言

职业培训制度的积极推进，尤其是职业资格证书制度的推行，为广大劳动者系统地学习相关职业的知识和技能，提高就业能力、工作能力和职业转换能力提供了可能，同时也为企业选择适应生产需要的合格劳动者提供了依据。

随着我国科学技术的飞速发展和产业结构的不断调整，各种新兴职业应运而生，传统职业中也愈来愈多、愈来愈快地融进了各种新知识、新技术和新工艺。因此，加快培养合格的、适应现代化建设要求的高技能人才就显得尤为迫切。近年来，上海市在加快高技能人才建设方面进行了有益的探索，积累了丰富而宝贵的经验。为优化人力资源结构，加快高技能人才队伍建设，上海市人力资源和社会保障局在提升职业标准、完善技能鉴定方面做了积极的探索和尝试，推出了1+X培训与鉴定模式。1+X中的1代表国家职业标准，X是为适应上海市经济发展的需要，对职业的部分知识和技能要求进行的扩充和更新。随着经济发展和技术进步，X将不断被赋予新的内涵，不断得到深化和提升。

上海1+X培训与鉴定模式，得到了国家人力资源和社会保障部的支持和肯定。为配合上海市开展的1+X培训与鉴定的需要，人力资源和社会保障部教材办公室、中国就业培训技术指导中心上海分中心、上海市职业培训研究发展中心联合组织有关方面的专家、技术人员共同编写了职业技术·职业资格培训系列教材。

职业技术·职业资格培训教材严格按照1+X鉴定考核细目进行编写，教材内容充分反映了当前从事职业活动所需要的核心知识与技能，较好地体现了适用性、先进性与前瞻性。聘请编写1+X鉴定考核细目的专家，以及相关行业的专家参与教材的编审工作，保证了教材内容的科学性及与鉴定考核细目以及题库的紧密衔接。

职业技术·职业资格培训教材突出了适应职业技能培训的特色，使读者通过学习与培训，不仅有助于通过鉴定考核，而且能够有针对性地进行系统学习，真正掌握本职业的核心技术与操作技能，从而实现从懂得了什么到会做什么的飞跃。

职业技术·职业资格培训教材立足于国家职业标准，也可为全国其他省市开展新职业、新技术职业培训和鉴定考核，以及为高技能人才培养提供借鉴或参考。

新教材的编写是一项探索性工作，由于时间紧迫，不足之处在所难免，欢迎各使用单位及个人对教材提出宝贵意见和建议，以便教材修订时补充更正。

人力资源和社会保障部教材办公室
中国就业培训技术指导中心上海分中心
上海市职业培训研究发展中心

目　录

第1章

海上运输

第 1 节　整箱货出口操作

任务一　整箱货出口运输操作

学习目标

通过本单元的学习，能够顺利完成集装箱整箱货出口运输操作。

技能要点

1. 熟悉审核并确认客户海运托运单信息完整的要点
2. 熟悉网上订舱的方法
3. 掌握制作海运托运单的方法
4. 掌握识读和制作集装箱整箱出口场站收据的方法
5. 熟悉识读集装箱整箱出口设备交接单的方法
6. 掌握识读和制作集装箱整箱装箱单的方法
7. 掌握识读、制作和确认集装箱整箱 House B/L 和 Master B/L 的方法
8. 掌握识读、制作和确认集装箱海运单的方法

操作任务

任务名称：整箱货出口运输操作

任务背景：

上海聚源货运代理公司（以下简称“聚源货代”）是一家中等级别且服务质量较高的货代公司。上海美轮美奂服装有限公司（以下简称“美轮美奂服饰”）是一家专门从事服装和饰品进出口贸易的公司，其生产加工的服饰远销欧美国家。

2011 年 4 月 1 日，美轮美奂服饰与法国巴黎 SHE 服饰有限公司签订一份贸易合同。双方合同约定，2011 年 6 月 1 日将 3 600 件女式针织衫（LADY SWEATER）装船，并保证 2011 年 6 月 15 日之前交单。合同编号为 MM2011 – PR096；成交货量为装满一个集装箱共

3 600 件针织衫，每 9 件装一个包装箱，共 400 箱；毛重为 3 500 kg，净重 3 312 kg；起运港为上海，目的港为法国马赛港（MARSEILLES）；交易单价为 USD 160.00/件，总金额为 USD 576 000.00；总尺码 27.945 m^3；不允许转船和分批运输，并于 2011 年 6 月 1 日装船；到堆场提箱；运费按照市场价格结算；成交方式为 CIF；结算方式为信用证。

美轮美奂服饰委托聚源货代完成这批针织衫的出口代理操作。

附加信息：

上海美轮美奂服装有限公司（SHANGHAI BABLOUS GARMENTS CO.，LTD）

地址：上海市长宁区安龙路 58 号（58 ANLONG ROAD，CHANGNING DISTRICT，SHANGHAI，CHINA）

电话：021－59621790　传真：021－59621798

法国巴黎 SHE 服饰有限公司（PARIS FRANCE SHE DRESS CO.，LTD）

地址：法国巴黎香榭丽舍大街 622 号（622，CHAMPS－ELYSEES STREET，PARIS，FRANCE）

上海聚源货运代理公司（SHANGHAI JUYUAN FREIGHT REPRESENTATIVE COMPANY）

地址：上海市徐汇区淮海路 20 号（20 HUAIHAI ROAD，XUHUI DISTRICT，SHANGHAI，CHINA）

电话：021－52217620　传真：021－52217628

操作准备

1. 针对本任务，操作准备工作内容如下：

项目	准备内容	
布置环境	软件	订舱系统、综合业务系统
	硬件	计算机
	主要涉及角色	发货人、货运代理人、船公司及其代理
	其他工具	纸、笔
	涉及单据	托运单、场站收据联单、提箱单、设备交接单、集装箱装箱单、提单

续表

项目	准备内容	
制订计划	步骤一	订舱委托
	步骤二	审核托运单
	步骤三	网上订舱
	步骤四	订舱确认
	步骤五	堆场提空
	步骤六	装箱
	步骤七	集港报关
	步骤八	装船
	步骤九	签发提单

2. 场站收据

<table>
<tr><td colspan="6">场站收据</td></tr>
<tr><td colspan="6">D/R 编号（舱位号）</td></tr>
<tr><td colspan="2">SHIPPER</td><td colspan="4" rowspan="3">订舱要求：</td></tr>
<tr><td colspan="2">CONSIGNEE</td></tr>
<tr><td colspan="2">NOTIFY PARTY</td></tr>
<tr><td>PRE - CARRIAGE</td><td>PLACE OF RECEIPT</td><td colspan="4" rowspan="3">FINAL DESTINATION FOR THE MERCHANT'S REFERENCE</td></tr>
<tr><td>OCEAN VESSEL VOY. NO.</td><td>PORT OF LOADING</td></tr>
<tr><td>PORT OF DISCHARGE</td><td>PLACE OF DELIVER</td></tr>
<tr><td>CONTAINER NO.</td><td>SEAL NO. MARKS & NOS</td><td>NO. OF CONTAINERS OR PKGS</td><td>KIND OF PACKAGE DESCRIPTION OF GOODS</td><td>GROSS WEIGHT</td><td>MEASUREMENT</td></tr>
<tr><td colspan="6">TOTAL NUMBER OF CONTAINERS OR PACKAGES</td></tr>
<tr><td colspan="6">CONTAINER NO.　SEAL NO.　PKGS.　CONTAINER NO.　SEAL NO.　PKGS.</td></tr>
<tr><td rowspan="3">FREIGHT & CHARGES</td><td></td><td>RECEIVED</td><td colspan="3">BY TERMINAL CLERK</td></tr>
<tr><td>PREPAID AT</td><td>PAYABLE AT</td><td colspan="3">PLACE OF ISSUE</td></tr>
<tr><td>TOTAL PREPAID</td><td>NO. OF ORIGINAL B(S)/L</td><td colspan="3">BOOKING APPROVED BY</td></tr>
</table>

续表

<table>
<tr><td>SERVICE TYPE ON RECEIVING
( ) CY ( ) CFS ( ) DOOR</td><td colspan="2">SERVICE TYPE ON DELIVERY
( ) CY ( ) CFS ( ) DOOR</td><td colspan="2">REEFER TEMPERATURE
REQUIRED（冷藏温度）</td><td>°F</td><td>℃</td></tr>
<tr><td rowspan="2">TYPE OF GOODS</td><td colspan="2">( ) ORDINARY ( ) REEFER ( ) DANGEROUS
( ) AUTO</td><td rowspan="2">危
险
品</td><td colspan="3" rowspan="2">CLASS.
PROPERTY.
IMDG CODE PAGE.
UN NO.</td></tr>
<tr><td colspan="2">( ) LIQUID ( ) LIVE ANIMAL ( ) BULK</td></tr>
</table>

操作步骤

步骤一 订舱委托

2011 年 5 月 15 日，美轮美奂服饰在查看了船期、班期后，填写订舱委托书给聚源货代，委托其租船订舱。

美轮美奂服饰致电聚源货代，查看班期航班之后，双方进行协商，最终确定了运费。

<table>
<tr><td colspan="6">上海聚源货运代理公司
订舱委托书</td></tr>
<tr><td colspan="6">D/R 编号（舱位号）</td></tr>
<tr><td colspan="3">SHIPPER SHANGHAI BABLOUS GARMENTS CO. , LTD</td><td colspan="3" rowspan="6">订舱要求：
（一）运费：根据事前谈好的。
（二）请配 6 月 1 日开船到法国巴黎的一个 20 尺普通集装箱。
（三）提前 5 天在堆场提箱。</td></tr>
<tr><td colspan="3">CONSIGNEE TO ORDER</td></tr>
<tr><td colspan="3">NOTIFY PARTY PARIS FRANCE SHE DRESS CO. , LTD</td></tr>
<tr><td colspan="2">PRE – CARRIAGE</td><td>PLACE OF RECEIPT</td></tr>
<tr><td colspan="2">OCEAN VESSEL VOY. NO.</td><td>PORT OF LOADING SHANGHAI</td></tr>
<tr><td colspan="2" rowspan="2">PORT OF DISCHARGE MARSEILLES</td><td rowspan="2">PLACE OF DELIVER</td></tr>
<tr><td colspan="3">FINAL DESTINATION FOR THE MERCHANT'S REFERENCE</td></tr>
<tr><td>CONTAINER NO.</td><td>SEAL NO. MARKS & NOS
N/M</td><td>NO. OF CONTAINERS OR PKGS
400</td><td>KIND OF PACKAGE DESCRIPTION OF GOODS
CARTON</td><td>GROSS WEIGHT
3 500 KGS</td><td>MEASUREMENT
27.945 CBM</td></tr>
</table>

续表

<table>
<tr><td colspan="4">TOTAL NUMBER OF CONTAINERS OR PACKAGES　SAY FOUR HUNDRED CARTONS ONLY</td></tr>
<tr><td colspan="2">SERVICE TYPE ON RECEIVING
( ) CY　( ) CFS　( ) DOOR</td><td>SERVICE TYPE ON DELIVERY
( ) CY　( ) CFS　( ) DOOR</td><td>REEFER TEMPERATURE REQUIRED
（冷藏温度）</td></tr>
<tr><td rowspan="2">TYPE OF GOOD</td><td>( ) ORDINARY　( ) REEFER　( ) DANGEROUS
( ) AUTO</td><td rowspan="2">危险品</td><td rowspan="2">CLASS.
PROPERTY.
IMDG CODE PAGE.
UN NO.</td></tr>
<tr><td>( ) LIQUID ( ) LIVE ANIMAL ( ) BULK</td></tr>
<tr><td rowspan="3">FREIGHT&CHARGES</td><td colspan="3">PREPAID AT</td></tr>
<tr><td colspan="3">TOTAL PREPAID</td></tr>
<tr><td colspan="3">NO. OF ORIGINAL B（S）/L</td></tr>
<tr><td colspan="2">可否转船：NO</td><td colspan="2">可否分批：NO</td></tr>
<tr><td colspan="2">装期：20110601</td><td colspan="2">效期：</td></tr>
<tr><td colspan="4">金额：</td></tr>
<tr><td colspan="4">制单日期：20110515</td></tr>
<tr><td colspan="4"></td></tr>
</table>

美轮美奂服饰在完成订舱委托书的填制之后，一并将发票、装箱单交给聚源货代，委托其向船公司订舱。

发票（INVOICE）如下所示：

上海美轮美奂服装有限公司

SHANGHAI BABLOUS GARMENTS CO.，LTD

INVOICE

TO：PARIS FRANCE SHE DRESS CO.，LTD
622，CHAMPS－ELYSEES STREET，PARIS，FRANCE

INV. NO.：MM－JUN110520

INV. DATE：MAY. 12. 2011

S/C NO.：MM2011－PR096

FROM：SHANGHAI　　TO：MARSEILLES　　SHIPPED BY：________

MARKS&NOS.	DESCRIPTION OF GOODS	QUANTITY	UNIT PRICE	AMOUNT
N/M	LADY SWEATER	3 600 SETS	US $ 160.00	US $ 576 000.00

80% HIGH QUALITY AUSTRALIAN WOOL
20% NATURAL SILK
100% NATURAL.

TOTAL AMOUNT IN WORDS: SAY U. S. DOLLARS FIVE HUNDRED AND SEVENTY SIX THOUSAND ONLY

TOTAL G. W. /TOTAL N. W. : 3 500 KGS/3 312 KGS

TOTAL PACKAGES: 400 CTNS

上海美轮美奂服装有限公司
SHANGHAI BABLOUS GARMENTS CO. , LTD

装箱单（PACKING LIST）如下所示：

上海美轮美奂服装有限公司
SHANGHAI BABLOUS GARMENTS CO. , LTD

PACKING LIST

TO: PARIS FRANCE SHE DRESS CO. , LTD
622, CHAMPS - ELYSEES STREET, PARIS, FRANCE

INV. NO. : MM - JUN110520
INV. DATE: MAY. 12. 2011

FROM: SHANGHAI   TO: MARSEILLES   SHIPPED BY: ______

MARKS&NOS.	DESCRIPTION OF GOODS	PKG	QTY	G. W.	N. W.	MEAS.

N/M　　LADY SWEATER　400　3 600 SETS　3 500. 00 KGS　3 312. 00 KGS
27. 945 CBM

80% HIGH QUALITY AUSTRALIAN WOOL

20% NATURAL SILK

100% NATURAL.

TOTAL PACKAGES IN WORDS：SAY FOUR HUNDRED CARTONS ONLY

TOTAL G. W. /TOTAL N. W. ：3 500 KGS/3 312 KGS

上海美轮美奂服装有限公司

SHANGHAI BABLOUS GARMENTS CO. , LTD

步骤二　审核托运单

聚源货代收到美轮美奂服饰的订舱委托书之后，仔细查看并审核租船订舱信息，其中重点审核以下内容：

1. 收发货人名称、地址、电话、传真

发货人：上海美轮美奂服装有限公司

收货人：法国巴黎 SHE 服饰有限公司

2. 装卸港口

起运港：上海港　目的港：马赛港

3. 品名、件、重、尺

商品名称：女式针织衫

商品数量：3 600 件，每 9 件装一个包装箱，共 400 箱

商品总重：3 500 kg

商品总体积：27. 945 m^3

4. 订舱要求

装船日期：2011 年 6 月 1 日

集装箱规格及数量：一个20尺普通集装箱

运费：按之前已经约定好的

不得转船运输和分批运输

装箱地点：提前5天堆场提箱，工厂装箱

办理电放：否

附件：无

聚源货代核对完以上信息之后，接受此票运输的委托，并将主要信息与美轮美奂服饰的业务人员沟通确认，要求其在场站收据联单第一联上加盖“上海美轮美奂服装有限公司”签章，并印有“托运人证实所填内容全部属实并愿意遵守承运人的一切运输章程”的文字说明。

步骤三　网上订舱

1. 网上查询

打开船公司网站，在首页的运价查询框或运价页面中输入要查询的起运港和目的港，单击“搜索”按钮，系统将显示出要查询的船期、班轮、运价信息。

若查询出来的运价为空或不符合要求，可以通过电话向船公司的客服人员咨询运价信息。

2. 筛选运价

在运价查询显示的结果中筛选满意的运价。

3. 开始订舱

选择满意的班轮、价格之后，单击“订舱”按钮，即可开始订舱。

聚源货代与美轮美奂服饰确认订舱信息之后，依据其填写的订舱委托书内容，修改发货人内容，在系统中开始填写海运托运单。

<table>
<tr><td colspan="3"></td></tr>
<tr><td colspan="3" align="right">D/R 编号（舱位号）</td></tr>
<tr><td colspan="2">SHIPPER
SHANGHAI JUYUAN FREIGHT REPRESENTATIVE COMPANY 20 HUAIHAI ROAD，XUHUI DISTRICT，SHANGHAI，CHINA 021 – 52217620</td><td rowspan="4">订舱要求：
（一）运费：根据事前谈好的。
（二）请配6月1日开船到法国巴黎的一个20尺普通集装箱。
（三）提前5天在堆场提箱。
（四）不允许转船运输和分批运输。</td></tr>
<tr><td colspan="2">CONSIGNEE　TO ORDER
NOTIFY PARTY　PARIS FRANCE SHE DRESS CO.，LTD</td></tr>
<tr><td>PRE – CARRIAGE</td><td>PLACE OF RECEIPT</td></tr>
<tr><td>OCEAN VESSEL VOY. NO.</td><td>PORT OF LOADING
SHANGHAI</td></tr>
</table>

第二联

续表

PORT OF DISCHARGE MARSEILLES	PLACE OF DELIVER	
		FINAL DESTINATION FOR THE MERCHANT'S REFERENCE

CONTAINER NO.	SEAL NO. MARKS & NOS N/M	NO. OF CONTAINERS OR PKGS 400	KIND OF PACKAGE DESCRIPTION OF GOODS CARTON	GROSS WEIGHT 3 500 KGS	MEASUREMENT 27.945 CBM

TOTAL NUMBER OF CONTAINERS OR PACKAGES　SAY FOUR HUNDRED CARTONS ONLY					
CONTAINER NO.	SEAL NO.	PKGS.	CONTAINER NO.	SEAL NO.	PKGS.

	RECEIVED	BY TERMINAL CLERK

FREIGHT & CHARGES	PREPAID AT SHANGHAI	PAYABLE AT	PLACE OF ISSUE
	TOTAL PREPAID	NO. OF ORIGINAL B (S)/L THREE	BOOKING APPROVED BY

SERVICE TYPE ON RECEIVING ( ) CY ( ) CFS ( ) DOOR	SERVICE TYPE ON DELIVERY ( ) CY ( ) CFS ( ) DOOR	REEFER TEMPERATURE REQUIRED（冷藏温度）	°F	℃

TYPE OF GOODS	( ) ORDINARY ( ) REEFER ( ) DANGEROUS ( ) AUTO	危险品	CLASS. PROPERTY. IMDG CODE PAGE. UN NO.
	( ) LIQUID ( ) LIVE ANIMAL ( ) BULK		

步骤四　订舱确认

单击“订舱”按钮后，就实现了网上订舱，船公司客服人员将及时处理订舱事宜。聚源货代也可以通过电话与船公司客服人员联系订舱或者确认订航，确保能及时订到舱位。

订舱确认之后，根据托运单内容，在装船前5天到堆场提空箱。船代公司签发配舱回单给聚源货代，在配舱回单上标注船名、航次、D/R（提单号）和装船日期。

D/R 编号（舱位号） COCO-CK62912356

<table>
<tr><td colspan="2">SHIPPER
SHANGHAI JUYUAN FREIGHT REPRESENTATIVE COMPANY
20 HUAIHAI ROAD，XUHUI DISTRICT，SHANGHAI，CHINA
021 －52217620</td><td rowspan="6">配舱回单　　第九联</td></tr>
<tr><td colspan="2">CONSIGNEE　TO ORDER</td></tr>
<tr><td colspan="2">NOTIFY PARTY　PARIS FRANCE SHE DRESS CO.，LTD</td></tr>
<tr><td>PRE－CARRIAGE</td><td>PLACE OF RECEIPT</td></tr>
<tr><td>OCEAN VESSEL VOY. NO.
COCO ONLY V. 909E</td><td>PORT OF LOADING
SHANGHAI</td></tr>
<tr><td>PORT OF DISCHARGE
MARSEILLES</td><td>PLACE OF DELIVER</td></tr>
<tr><td></td><td></td><td>FINAL DESTINATION FOR THE MERCHANT'S REFERENCE</td></tr>
</table>

CONTAINER NO.	SEAL NO. MARKS & NOS N/M	NO. OF CONTAINERS OR PKGS 400	KIND OF PACKAGE DESCRIPTION OF GOODS CARTON	GROSS WEIGHT 3 500 KGS	MEASUREMENT 27. 945 CBM

TOTAL NUMBER OF CONTAINERS OR PACKAGES　　SAY FOUR HUNDRED CARTONS ONLY

CONTAINER NO.	SEAL NO.	PKGS.	CONTAINER NO.	SEAL NO.	PKGS.

装船日期：2011年6月1日

	RECEIVED	BY TERMINAL CLERK

<table>
<tr><td rowspan="2">FREIGHT & CHARGES</td><td>PREPAID AT SHANGHAI</td><td>PAYABLE AT</td><td>PLACE OF ISSUE</td></tr>
<tr><td>TOTAL PREPAID</td><td>NO. OF ORIGINAL B(S)/L</td><td>BOOKING APPROVED BY</td></tr>
</table>

SERVICE TYPE ON RECEIVING ( ) CY ( ) CFS ( ) DOOR	SERVICE TYPE ON DELIVERY ( ) CY ( ) CFS ( ) DOOR	REEFER TEMPERATURE REQUIRED（冷藏温度）	°F	℃

续表

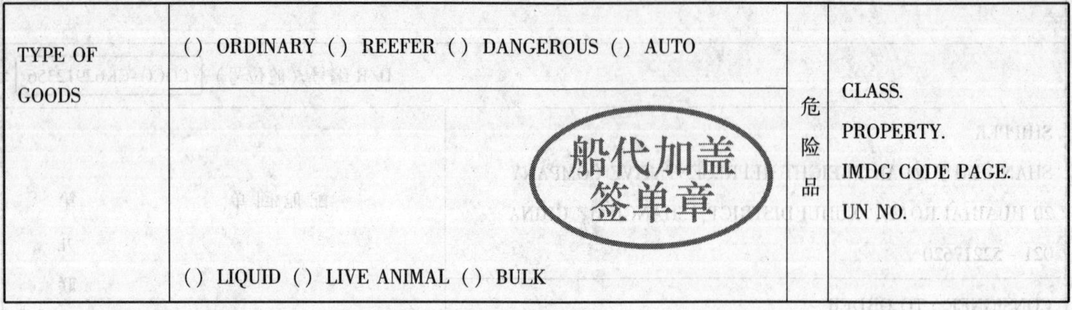

TYPE OF GOODS	( ) ORDINARY ( ) REEFER ( ) DANGEROUS ( ) AUTO	危险品	CLASS. PROPERTY. IMDG CODE PAGE. UN NO.
	船代加盖签单章 ( ) LIQUID ( ) LIVE ANIMAL ( ) BULK		

步骤五　堆场提空

聚源货代收到配舱回单后，要到美轮美奂服饰装箱，就需要先派车队到堆场提空箱。

聚源货代持配舱回单到船公司外管局缴纳押箱费（免费用箱期内无押金）给箱管科，换来设备交接单，并凭设备交接单到堆场提空箱。

<table>
<tr><td colspan="4">集装箱发放/设备交接单　出口
EQUIPMENT INTERCHANGE RECEIPT　NO:</td></tr>
<tr><td colspan="2">用箱人/运箱人（CONTAINER USER/HAULIER）
上海聚源货运代理公司</td><td colspan="2">提箱地点（PLACE OF DELIVERY）</td></tr>
<tr><td colspan="2">来自地点（WHERE FROM）
上海徐汇区</td><td colspan="2">返回/收箱地点（PLACE OF RETURN）</td></tr>
<tr><td>船名/航次（VESSEL/VOYAGE NO.）
COCO ONLY
V. 909E</td><td>集装箱号（CONTAINER NO.）
COCO4597787 *1（1）</td><td>尺寸/类型（SIZE/TYPE）
20/GP</td><td>营运人（CNTR. OPTR.）</td></tr>
<tr><td>提单号（B/L NO.）
COCO－CK62912356</td><td>铅封号（SEAL NO.）
C4202016</td><td>免费期限（FREE TIME PERIOD）//2011－6－1</td><td>运载工具牌号（TRUCK, WAGON, BARGE NO.）
沪 A63545</td></tr>
<tr><td>出场目的/状态（PPS OF GATE－OUT/STATUS）</td><td>进场目的/状态（PPS OF GATE－IN/STATUS）</td><td colspan="2">进场日期（TIME－IN）</td></tr>
<tr><td colspan="4">进场检查记录（INSPECTION AT THE TIME OF INTERCHANGE）</td></tr>
<tr><td>普通集装箱（GP CONTAINER）</td><td>冷藏集装箱（RF CONTAINER）</td><td>特种集装箱（SPECIAL CONTAINER）</td><td>发动机（GEN SET）</td></tr>
<tr><td>正常（SOUND）
异常（DEFECTIVE）</td><td>正常（SOUND）
异常（DEFECTIVE）</td><td>正常（SOUND）
异常（DEFECTIVE）</td><td>正常（SOUND）
异常（DEFECTIVE）</td></tr>
</table>

续表

<table>
<tr><td colspan="2">损坏记录及代号（DAMAGE&CODE）
BR 破损（BROKEN） D 凹损（DENT） M 丢失（MISSING） DR 污箱（DIRTY） DL 危标（DG LABEL）无</td></tr>
<tr><td>左侧（LEFT SIDE） 右侧（RIGHT SIDE）
前部（FRONT） 集装箱内部（CONTAINER INSIDE）
顶部（TOP） 底部（FLOOR BASE） 箱门（REAR）</td><td>如有异状，请注明程度及尺寸（REMARK）
司机务必确认箱体完好，清洁并签单</td></tr>
<tr><td colspan="2"></td></tr>
<tr><td colspan="2">除列明者外，集装箱及集装箱设备交接时完好无损，铅封完整无误。
THE CONTAINER/ASSOCIATED EQUIPMENT INTERCHANGED IN SOUND CONDITION AND SEAL INTACT UNLESS OTHER</td></tr>
<tr><td>用箱人/运箱人签署
（CONTAINER USER/HAULIER'S SIGNATURE）
聚源货代</td><td>码头/堆场值班员签署 ＊＊＊
（TERMINAL/DEPOT CLERK'S SIGNATURE）</td></tr>
</table>

聚源货代完成堆场提空之后，与美轮美奂服饰约好装箱时间，到工厂装箱。

步骤六　装箱

聚源货代按约定的时间将集装箱运到美轮美奂服饰，将 3 600 件（400 箱）女式针织衫装到这个 20 尺集装箱内。工厂装箱完成后，根据实际装箱情况做配装箱明细表。

集装箱配装箱明细表

操作单号：20110519　　中转港：无　　箱公司：

船次：COCO ONLY V. 909E　　集装箱规格：20'GP　　订舱人：聚源

提单号	箱号	封号	箱型	集装箱内装				目的港
				品名	件数	重量	体积	
COCO－CK 62912356			1＊20'GP	女式针织衫	3 600	3 500 KGS	27. 945 CBM	MARSEILLES

唛头：N/M　　备注：

装箱完成后，获得了比较准确的件重尺（件数、重量、尺寸），可以根据已经完成的装箱明细表制作出集装箱装箱单。

CONTAINER LOAD PLAN

装　箱　单

（2）Shipping Agent Copy
船代联

Reefer temperature required 温度要求			
Class 等级	IDG Page 危险页码	UN No. 联合国编号	Flash-point 闪点

Ship's Name/Voy No. 船名/航次 COCO ONLY V. 909E	Port of loading 装货港 SHANGHAI	Port of Discharge 卸货港 MARSEILLES	Place of delivery 交货地 MARSEILLES	SHIPPERS PACKERS DECLARATIONS: We hereby declare that the container has been thoroughly cleaned without any evidence of cargoes of previous shipment prior to vanning and cargoes has been properly stuffed and secured

Container No. 箱号 COCO 4597787 *1（1）		B/L No. 提单号	Packages& Packing 件数与包装	Gross Weight 毛重	Measurements 尺码	Description of goods 货名	Marks & Numbers 唛头
Seals No. 封号 C4202016		COCO-C K62912 356	3 600SET 400CTNS	3 500 KGS	27. 945 CBM	LADY SWEATER	N/M
Cont Size 箱型 20′ 40′ 45′	Cont Type 箱类 GP = 普通箱 TK = 油罐箱 RF = 冷藏箱 PF = 平板箱 OT = 开顶箱 HC = 高箱 FR = 框架箱 HT = 挂衣箱						
ISO Code For Container Size/Type 箱型/箱类 ISO 标准代码（12）							
Packer's name/address 装箱人名称/地址 Tel No. 电话号码							

Packing Date 装箱日期 2011-5-21	Received by Drayman 驾驶员签收及车号 沪 A63545	Total Packages 总件数 400CTS	Total Carge Wt 总货重 3 500 KGS	Total Meas 总尺码 27. 945 CBM	Remarks：备注

Packed by 装箱人签名 MM	Received by Terminals/Date of Receipt 码头收箱签收和收箱日期	Cont Tare Wt 集装箱皮重	Cgo/Cont Total Wt 货/箱总重量

这批女式针织衫完成装箱之后，有准确的件重尺和箱封号。车队获得箱封号之后，要及时地传真回聚源货代总部，其操作员开始给报关行进行预报关，同时与船代公司确定提单样本。

步骤七 集港报关

船代在接收了聚源货代的订舱委托之后，已经有了将要集港的货物信息，船代会根据相关信息做出集港舱单给港口检查桥，用于集港时核对信息。此操作为集港操作的第一步——单据集港。

单据集港完成之后，就开始货物集港操作。车队完成货物的装箱之后，凭集港舱单（设备交接单和集装箱装箱单）将货物送到港口检查桥，准备将货物集港装船。闸口（检查桥）凭集港舱单核对信息、检查箱体，合格之后即可放行，完成集港。

此时，货进两区，即可开始对货物进行报关。海关已经收到船代公司发送的预配舱单。海关对预配舱单和报关员递送的报关材料核对无误、查验合格之后，即在场站收据上加盖海关放行章，并将剩余的单据一起送至码头和理货。

<table>
<tr><td colspan="7">场站收据</td></tr>
<tr><td colspan="7">D/R 编号（舱位号）COCO－CK62912356</td></tr>
<tr><td colspan="4">SHIPPER
SHANGHAI JUYUAN FREIGHT REPRESENTATIVE COMPANY
20 HUAIHAI ROAD，XUHUI DISTRICT，SHANGHAI，CHINA
021－52217620</td><td colspan="3" rowspan="6">场站收据　　第四联</td></tr>
<tr><td colspan="4">CONSIGNEE　TO ORDER</td></tr>
<tr><td colspan="4">NOTIFY PARTY　PARIS FRANCE SHE DRESS CO.，LTD</td></tr>
<tr><td colspan="2">PRE－CARRIAGE</td><td colspan="2">PLACE OF RECEIPT</td></tr>
<tr><td colspan="2">OCEAN VESSEL VOY. NO.
COCO ONLY V. 909E</td><td colspan="2">PORT OF LOADING
SHANGHAI</td></tr>
<tr><td colspan="2" rowspan="2">PORT OF DISCHARGE
MARSEILLES</td><td colspan="2" rowspan="2">PLACE OF DELIVER</td></tr>
<tr><td colspan="3">FINAL DESTINATION FOR THE MERCHANT'S REFERENCE</td></tr>
<tr><td>CONTAINER NO.</td><td>SEAL NO. MARKS & NOS N/M</td><td>NO. OF CONTAINERS OR PKGS
400</td><td colspan="2">KIND OF PACKAGE DESCRIPTION OF GOODS CARTON</td><td>GROSS WEIGHT
3 500 KGS</td><td>MEASUREMENT
27. 945 CBM</td></tr>
</table>

续表

<table>
<tr><td colspan="6">TOTAL NUMBER OF CONTAINERS OR PACKAGES SAY FOUR HUNDRED CARTONS ONLY</td></tr>
<tr><td colspan="6">CONTAINER NO.　SEAL NO.　PKGS.　CONTAINER NO.　SEAL NO.　PKGS.</td></tr>
<tr><td colspan="3"></td><td colspan="2">RECEIVED</td><td>BY TERMINAL CLERK</td></tr>
<tr><td rowspan="2">FREIGHT & CHARGES</td><td>PREPAID AT SHANGHAI</td><td colspan="2">PAYABLE AT</td><td colspan="2">PLACE OF ISSUE</td></tr>
<tr><td>TOTAL PREPAID</td><td colspan="2">NO. OF ORIGINAL B(S)/L</td><td colspan="2">BOOKING APPROVED BY</td></tr>
<tr><td>SERVICE TYPE ON RECEIVING
( ) CY ( ) CFS ( ) DOOR</td><td>SERVICE TYPE ON DELIVERY
( ) CY ( ) CFS ( ) DOOR</td><td>REEFER TEMPERATURE
REQUIRED（冷藏温度）</td><td>°F</td><td colspan="2">℃</td></tr>
<tr><td rowspan="2">TYPE OF GOODS</td><td colspan="3">( ) ORDINARY ( ) REEFER ( ) DANGEROUS ( ) AUTO</td><td colspan="2"></td></tr>
<tr><td colspan="3">( ) LIQUID ( ) LIVE ANIMAL ( ) BULK
海关加盖放行章　船代加盖签单章</td><td>危险品</td><td>CLASS.
PROPERTY.
IMDG CODE PAGE.
UN NO.</td></tr>
</table>

步骤八　装船

集港完成之后，海关及驻航办根据船代发送的最后一遍集港舱单即可确认本条船将要出运的所有货物。

船公司即开始制作预配图，用于配装。船公司在收到的上一港船公司发来的船图上做预配。预配图在做完之后，要在船进港前 12 h 交给作业部门，准备安排装船并做新船图。

作业人员获得预配图之后，根据港序“框架箱在上、危险隔开、小在下、大在上”的原则整理出一份配载图，并依据配载图完成货物的装船作业，对实际的装箱位置进行记录。若与配载图不一致，要及时做记录并修改电子配载图，形成最后的积载图和退关清单。积载图成船图之后，作为随船单据。

步骤九　签发提单

当船公司收到积载图、退关清单之后，便可为签发提单做准备。此时船公司上海分公司会根据退关清单给总公司和下一港发送清洁舱单。

在签发提单时，船公司需要确定运费是否已经结算。运费的结算方式有预付和到付两种。

船公司核查账目后确认运费已经支付，于是给聚源货代签发提单。

B/L NO. COCO－CK62912356

Shipper

SHANGHAI JUYUAN FREIGHT REPRESENTATIVE COMPANY

20 HUAIHAI ROAD, XUHUI DISTRICT, SHANGHAI, CHINA

021－52217620

COCO Shipping Co.

Bill of Lading

Consignee

TO ORDER

Notify Party

PARIS FRANCE SHE DRESS CO., LTD

622, CHAMPS－ELYSEES STREET, PARIS, FRANCE

Pre－carriage by	Place of Receipt
Ocean Vessel Voy. No. COCO ONLY V. 909E	Port of Loading SHANGHAI
Port of Discharge MARSEILLES	Place of Delivery

Container No. Seal No. Marks & Nos. COCO4597787 * 1 (1) N/M	No. of Containers or Pkgs 400CTNS 20GP × 1	Kinds of Packages Description of Goods Lady sweater 80% HIGH QUALITY AUSTRAL-IAN WOOL 20% NATURAL SILK 100% NATURAL	Gross Weight 3 500 KGS	Measurement 27.945 CBM

TOTAL NUMBER OF CONTAINER OR PACKAGES (IN WORDS)

SAY FOUR HUNDRED CARTONS ONLY

Freight & Charge PREPAID		Revenue Tons	Rate	Per	Prepaid	Collect
Ex. Rate.	Prepaid at	Payable at			Place and Date of Issue JUNE 2, 2011 SHANGHAI, CHINA	
	Total Prepaid	No. of Original B(s)/L THREE			Signed for the Carrier COCO Shipping Co. as carrier	

LADEN ON BOARD THE VESSEL

DATE

(TERMS PLEASE FIND ON BACK OF ORIGINAL B/L)

聚源货代获得船公司签发的提单（MASTER B/L）之后，与美轮美奂服饰确认运费已结算，便自己签发小提单（HOUSE B/L）给美轮美奂服饰。美轮美奂服饰获得提单之后，将单据寄给法国巴黎 SHE 服饰有限公司即可顺利提货。

B/L NO. COCO－CK62912356

Shipper

SHANGHAI BABLOUS GARMENTS CO.，LTD

PARIS FRANCE SHE DRESS CO.，LTD

COCO Shipping Co.

Bill of Lading

Consignee

TO ORDER

Notify Party

PARIS FRANCE SHE DRESS CO.，LTD

622，CHAMPS－ELYSEES STREET，PARIS，FRANCE

Pre－carriage by	Place of Receipt
Ocean Vessel Voy. No. COCO ONLY V. 909E	Port of Loading SHANGHAI
Port of Discharge MARSEILLES	Place of Delivery

Container No. Seal No. Marks & Nos. COCO4597787 * 1 (1) N/M	No. of Containers or Pkgs 400CTNS 20GP×1	Kinds of Packages Description of Goods LADY SWEATER 80% HIGH QUALITY AUSTRAL-IAN WOOL 20% NATURAL SILK 100% NATURAL	Gross Weight 3 500 KGS	Measurement 27. 945 CBM

TOTAL NUMBER OF CONTAINER OR PACKAGES (IN WORDS)

SAY FOUR HUNDRED CARTONS ONLY

Freight & Charge PREPAID		Revenue Tons	Rate	Per	Prepaid	Collect
Ex. Rate.	Prepaid at	Payable at			Place and Date of Issue JUNE 2, 2011 SHANGHAI, CHINA	
	Total Prepaid	No. of Original B(s)/L THREE			Signed for the Carrier JUYUAN	

LADEN ON BOARD THE VESSEL

DATE

(TERMS PLEASE FIND ON BACK OF ORIGINAL B/L)

这样这批女式针织衫的出口运输操作就顺利完成了。

相关链接

一、订舱要求描述

托运人在向货运代理人描述订舱要求时，要着重将以下信息描述完整、准确，才能够顺利订到合适的舱位，完成接单操作。

1. 集装箱的类型。
2. 航期、班轮信息。
3. 开船日期。
4. 是否允许转船运输和分批运输。
5. 货物性质及准确的件重尺。

二、堆场装箱

装箱时，根据装箱地点不同可将装箱方式分为堆场装箱、工厂装箱等几种。下面介绍堆场装箱，出口商送货到堆场的操作过程。

1. 货物送指定仓库：货代操作员收到托运单并确认无误后，立即传进仓通知给客户，告知仓库详细地址、进仓时间及报关资料投寄地址等详细资料。

注：由于上海的出货量较大，货主直接送货进船公司的堆场，并委托他们来进行装箱是不现实的，因为他们人手不足，也没有那么大的场地来堆放货物。所以在上海有许多私人仓库提供堆存、装柜服务。例如，拼箱货物就一定会进这样的仓库。这样的仓库24小时收货，并且收费比船公司的堆场便宜许多，服务也好很多，可以根据装箱要求来安排装箱。但在其他港口，基本没有私人协作的仓库，都是船公司或码头的堆场。

2. 配舱回单出来后，货代操作员将船名、航次、提单号、件数、毛重、立方、公司工作编号、做箱时间、费用等明细资料录入系统，打制成内装箱预配单传真给公司合作仓库，并与仓库相关人员核对货物实际进仓件数，与客户沟通、衔接直到所有货物到齐，方可通知仓库相关人员将货物装入集装箱。并要求仓库相关人员在装完箱后，将填制好的进港装箱单传真回公司，货代操作员将装箱单上的内容与配舱回单及报关资料核对无误后，才可以通知仓库将货物送进港区。

注：显示配舱信息的单据上海叫配舱回单，宁波通常叫三联单，青岛通常叫入货通知，天津通常叫调箱单。

（十联单介绍：第一联交订舱单位留底。第二联交订舱船代留底。第三联是船公司给船代的运费通知。第四联是船代给订舱单位的运费通知。第五联叫装货单，也叫场站收据，船代会在这一联上盖订舱专用章，在报关的时候需要把第五联到第八联一起递交海关报关，海关放行的时候会在第五联上盖验讫章，并流转到码头配载手中，码头公司的配载员会据此信息配船。第六联实际上是第五联附页，是出口货物缴纳港务费申请书，流转到码头收费的相关部门。第七联是红色的，是场站收据大副联，交到轮船大副手里，以便大副与码头公司提供的货物装配情况相核对。第八联是黄色的，海关放行之后，这一联返回给报关行，报关行再把这一联返回给订舱代理，订舱代理凭借这一联向船代签发提单。第九联在海关放行之后返回给订舱代理留底。第十联在海关放行之后返回给船代留底。现在由于订舱代理、船代、船公司之间的运费都是有协议的，因此基本不用前四联，直接从第五联开始，并且最后两联也省略了。特别指出的是第八联，上海有一些具体操作步骤还不一样，海关放行之后，报关行把第五联到第八联一起送往港区配载中心，第五联、第六联、第七联分别流转到码头公司相关部门，第八联流转到船公司现场办公室，然后再流转到船公司的签发提单的部门，船公司据此来签发提单给船代，或者船代也会据此信息签发提单给订舱代理。而宁波就必须是订舱代理有黄色联才可以向船公司或船代签发提单。青岛与天津目前则没有这些单据。）

任务二　整箱货出口报关操作

学习目标

通过本单元的学习，能够顺利完成整箱货出口报关操作。

技能要点

1. 掌握识读和制作出口货物报关单的方法
2. 熟悉货物进出口报关流程

操作任务

任务名称：整箱货出口报关操作

任务背景：

上海佳琪贸易有限公司（以下简称“佳琪贸易”）是一家经营毛绒玩具的企业。2011年3月12日，佳琪贸易与日本欧式会社签订一份贸易合同，将要出口一批型号为JQ0987的玩具熊。上海振海货运代理集团（以下简称“振海货运”）是一家具有报关资质的货代集团，2011年5月5日接到佳琪贸易的委托，随附销售确认书、发票、装箱单、收汇核销单、出境货物通关单等单证。

销售确认书（SALE CONTRACT）：

S/C NO.：JQCK0837　DATE：2011-03-12

1. 货物名称、规格、数量、单价、总价

Name of Commodity, Specifications 商品名称、规格	Quantity 数量	Unit Price 单价	Total Amount 总价
PLUSH TOYS STUFFED ANIMALS JQ0987 BROWN	6 400 PCS	USD12.0	USD76 800.00
总值 Total Value	USD76 800.00		

2. 价格术语（PRICE TERMS）：CIF KOBE JAPAN
3. 唛头（SHIPPING MARKS）：N/M

4. 转运港（PORT OF SHIPMENT）：上海港 SHANGHAI

5. 目的港（PORT OF DESTINATION）：神户 KOBE JAPAN

6. 付款方式（PAYMENT）：信用证 L/C

7. 装船日期（DATE OF LOADING）：2011－5－19

发票（INVOICE）：

INV. NO.：JQ0387－05

S/C NO.：JQCK0837

DATE：MAY. 05. 2011

CONSIGNEE：上海佳琪贸易有限公司（经营单位编码：1203911299）

PORT OF LOADING：SHANGHAI，CHINA

DESTINATION：KOBE，JAPAN

TRANSPORTATION WAY：BY SEA

DELIVERY TERMS：CIF KOBE

PAYMENT TERMS：L/C

Description		Quantity	Unit Price	Amount
PLUSH TOYS STUFFED ANIMALS JQ0987 BROWN		6 400 PCS	USD12. 00	USD76 800. 00
Total		6 400 PCS		USD76 800. 00

装箱单（PACKING LIST）：

S/C NO.：JQCK0837

DATE：MAY. 05. 2011

CONSIGNEE：上海佳琪贸易有限公司（经营单位编码：1203911299）

PORT OF LOADING：SHANGHAI，CHINA

DESTINATION：KOBE，JAPAN

TRANSPORTATION WAY：BY SEA

DELIVERY TERMS：CIF KOBE

PAYMENT TERMS：L/C

Description		Quantity	G. W（kg）	N. W（kg）
PLUSH TOYS STUFFED ANIMALS JQ0987 BROWN		800CNTS	637 KGS	607 KGS
Total		800CNTS	637 KGS	607 KGS

补充资料：

运输工具名称：DONGFANG/E032

提运单号：DF105636

许可证号：774277021

商品编号：730900090

操作准备

1. 针对本任务，操作准备工作内容如下：

项目	准备内容	
布置环境	软件	海关电子口岸
	硬件	计算机
	主要涉及角色	发货人、货运代理人、报关行、海关
	其他工具	纸、笔
	涉及单据	出口货物报关单、场站收据、报关委托书
制订计划	步骤一	报关委托
	步骤二	填制报关单草单
	步骤三	发送 EDI（登录电子口岸）
	步骤四	EDI 回执查看
	步骤五	现场报关
	步骤六	验关放行

2. 出口货物报关单

<table>
<tr><td colspan="4">中华人民共和国海关出口货物报关单</td></tr>
<tr><td>预录入编号</td><td></td><td>海关编号</td><td></td></tr>
<tr><td>出口口岸</td><td>备案号</td><td>出口日期</td><td>申报日期</td></tr>
<tr><td>经营单位</td><td>运输方式</td><td>运输工具名称</td><td>提运单号</td></tr>
<tr><td>发货单位</td><td>贸易方式</td><td>征免性质</td><td>结汇方式</td></tr>
</table>

续表

许可证号	运抵国（地区）	指运港	境内货源地	
批准文号	成交方式	运费	保费	杂费
合同协议号	件数	包装种类	毛重（kg）	净重（kg）
集装箱号	随附单据			生产厂家
标记唛码及备注 备注： 随附单证号：				

项号	商品编号	商品名称、规格型号	数量及单位	最终目的国（地区）	总价	币制	征免
税费征收情况							

录入员	录入单位	兹声明以上申报无讹并承担法律责任	海关审单批注及放行日期（签章）	
			审单	审价
报关员		申报单位（签章）	征税	统计
单位地址			查验	放行
邮编		电话　　填制日期		

操作步骤

步骤一　报关委托

在船公司接受货物运输及订舱确认，获得配舱回单之后就可以开始报关报检操作。

委托报关需要委托专业或代理报关行向海关办理申报手续。在货物出口之前，应在出口口岸就近向专业或代理报关行办理委托报关手续。于是佳琪贸易就开始填写报关委托书。报关委托书如下所示：

代理报关委托书

我单位（A. 逐票、B. 长期）委托贵公司代理 ABCD 等通关事宜。（A. 填单申报 B. 辅助查验 C. 点缴税款 D. 办理海关证明联 E. 审批手册 F. 核销手册 G. 申办减免税款 H. 其他）详见《委托报关协议》。

我单位保证遵守《海关法》和国家有关法规，保证所提供的情况属实、完整，单货相符，无侵犯他人知识产权的行为。否则，愿承担相关法律责任。

本委托书有效期自签字之日起至　　年　月　日止。

委托方（盖章）：上海佳琪贸易有限公司

法定代表人或其授权签署《代理报关委托书》的人（签字）：×××

2011 年 5 月 5 日

委托报关协议

为明确委托报关具体事项和各自责任，双方经平等协商签订协议如下：

委托方	上海佳琪贸易有限公司
主要货物名称	JQ0987 玩具熊
H. S. 编码	95030021
货物总价	
进出口日期	2011 年 5 月 17 日
提单号	＊＊＊
贸易方式	一般贸易
原产地/货源地	上海其他
其他要求：	
背面所列通用条款是本协议不可分割的一部分，对本协议的签署构成了对背面通用条款的同意	
委托方业务签章： 上海佳琪贸易有限公司 经办人签章：××× 联系电话：	

被委托方	上海振海货运代理集团	
报关单编码	＊＊＊＊	
收到单证日期	＊＊＊＊	
收到单证情况	■ 合同	■ 发票
	■ 装货清单	□ 提单
	□ 加工贸易手册	□ 许可证号
	其他　核销单　通关单	
报关收费	人民币：　＊＊＊　元	
承诺说明：		
背面所列通用条款是本协议不可分割的一部分，对本协议的签署构成了对背面通用条款的同意		
被委托方业务签章： 上海振海货运代理集团 经办人签章：××× 联系电话：		

步骤二　填制报关单草单

振海货运在接到报关委托书之后，根据货主即佳琪贸易随附合同、发票、装箱单、核销单、出境货物通关单等单据填制报关草单。

中华人民共和国海关出口货物报关单

预录入编号		海关编号	

出口口岸 （2210）浦东海关	备案号	出口日期 （20110519）	申报日期
经营单位 1203911299 上海佳琪贸易有限公司	运输方式 江海运输	运输工具名称 DONGFANG/E032	提运单号 DF105636
发货单位 1203911299 上海佳琪贸易有限公司	贸易方式 一般贸易（0110）	征免性质 一般征税（101）	结汇方式 信用证

许可证号 774277021	运抵国（地区） 日本	指运港 神户	境内货源地 上海其他	
批准文号	成交方式 CIF	运费	保费	杂费
合同协议号 JQCK0837	件数 800	包装种类	毛重（kg） 637	净重（kg） 607
集装箱号 （不填）	随附单据			生产厂家

标记唛码及备注

备注：

随附单证号：

项号	商品编号	商品名称、规格型号	数量及单位	最终目的国(地区)	单价	总价	币制	征免
1	730900090	玩具熊 JQ0987	6 400 件	日本	12. 00	76 800. 00	美元	照章

税费征收情况

录入员	录入单位	兹声明以上申报无讹并承担法律责任	海关审单批注及放行日期（签章）	
			审单	审价
报关员		申报单位（签章）	征税	统计
单位地址			查验	放行
邮编	电话	填制日期		

步骤三 发送 EDI（登录电子口岸）

中国海关 EDI 通关系统是指海关与通关对象之间运用 EDI 技术自动交换和处理通关文件，并利用海关计算机应用系统即时、自动完成整个通关过程的 EDI 实用系统。EDI 通关系统涉及进出口货物报关、审单、征税、放行等通关环节。EDI 通关系统进一步简化了通关手续，用户在许多情况下不必派人到海关办理报关手续。进出口货物收发货人或其代理人通过计算机系统，按照《中华人民共和国海关进出口货物报关单填制规范》的有关要求，向海关传送报关单电子数据，并备齐随附单证。

《海关法》规定："办理进出口货物的海关申报手续，应当采用纸质报关单和电子数据报关单的形式。"这一规定确定了电子报关的法律地位，使电子数据报关单和纸质报关单具有同等的法律效力。

振海货运登录海关电子口岸，在海关规定的期限内，将填制好的报关草单的内容通过预录入或 EDI 方式录入计算机，确认录入数据无误后向海关进行报关申请。电子申报的货物信息会通过海关内部系统 EDI 传输给海关审单中心，如下图所示：

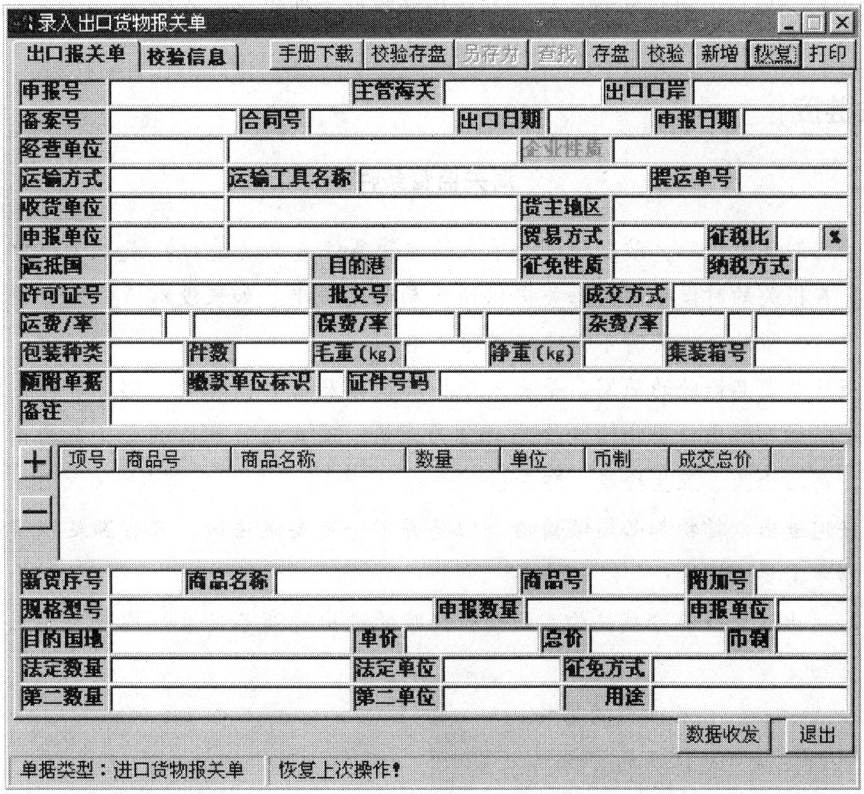

录入出口货物报关单

出口报关单 校验信息 手册下载 校验存盘 另存为 查找 存盘 校验 新增 恢复 打印

申报号 主管海关 出口口岸
备案号 合同号 出口日期 申报日期
经营单位 企业性质
运输方式 运输工具名称 提运单号
收货单位 货主地区
申报单位 贸易方式 征税比 %
运抵国 目的港 征免性质 纳税方式
许可证号 批文号 成交方式
运费/率 保费/率 杂费/率
包装种类 件数 毛重(kg) 净重(kg) 集装箱号
随附单据 缴款单位标识 证件号码
备注

项号 商品号 商品名称 数量 单位 币制 成交总价

新贸序号 商品名称 商品号 附加号
规格型号 申报数量 申报单位
目的国地 单价 总价 币制
法定数量 法定单位 征免方式
第二数量 第二单位 用途

数据收发 退出

单据类型：进口货物报关单 恢复上次操作！

电子口岸预录入系统

步骤四　EDI 回执查看

海关接到电子申报之后对货物信息及报关单的填制与已经收到的预配舱单进行电子审核。

审核完成之后，海关要求振海货运将报关单及销售确认书、发票、装箱单、收汇核销单等随附单证递交给海关办理通关事宜。

如果电子审单没有通过，报关人员持报关单到海关进行人工审单即可。

步骤五　现场报关

振海货运在收到海关审单处电子审核完毕的回执后，打印书面报关单三份，并随附发票、装箱单、合同、出境货物通关单、场站收据及所需各类许可证件等单证，到海关接单窗口现场办理手续，审核单据之间的内容是否一致。

步骤六　验关放行

海关在接受振海货运递交的书面报关单证并经审核后，以此单证为依据，在重箱堆场对这批出口的玩具熊进行现场查验，确定报关单中申报的内容和实际出口的货物一致。

查验审核完成后，进行实物放行，并在场站收据上加盖海关放行章。

相关链接

海关监管条件

法检即法定检验，就是指报关单上的监管条件是 A（进口）或 B（出口）的货物，在报关的时候必须向海关提供商检局的通关单。如果没有 A 或 B，就不属于法定检验货物，报关时不需要提供通关单。

商检是商品检验的简写，是出入境检验检疫局工作内容的一部分。但平时业内人士将所有进出口货物检验检疫统称为商检，其实此处商检的含义应为动植物检疫、商品检验、卫生检疫，即三检。

任何进出口货物都必须做商检，但是并不一定要做法检。只有满足以下条件的货物才需要做法检：

1.《出入境检验检疫机构实施检验检疫的进出境商品目录》内规定要求做法检的货物。

2. 美、日、韩及欧盟的货物。

3. 特定减免税证明的货物。

4. 其他需要法检的货物。

任务三 整箱货出口报检操作

学习目标

通过本单元的学习，能够填制普通货物出境报检单，顺利完成整箱货出口报检操作。

技能要点

1. 掌握识读和制作出口货物报检单的方法
2. 熟悉货物出口报检流程

操作任务

任务名称：整箱货出口报检操作

任务背景：

2011 年 6 月 10 日，上海进出口贸易公司与德国 PLH 贸易公司签订销售合同，将出口一批绿茶到德国。2011 年 6 月 11 日，上海进出口贸易公司委托琳丽国际货运代理公司（以下简称“琳丽货代”）租船订舱。琳丽货代在接到订舱委托后编制了集装箱货物海运托运单向船公司订舱。2011 年 6 月 13 日，上海进出口贸易公司收到琳丽货代返还的配舱回单之后，便委托琳丽货代向上海出入境检验检疫局进行这批绿茶的报检。

1. 买方（进口商）：

德国 PLH 贸易公司

PLH TRADING CORPORATION（HAMBURG / GERMANY）

TEL：040 －42841 －0 / FAX：040 －42841 －1620

2. 卖方（出口商）：

上海进出口贸易公司

SHANGHAI IMPORT & EXPORT TRADE CORPORATION（上海/中国）

TEL：021 －65788377 / FAX：021 －65788376

3. 货物名称及规格：中国绿茶/CHINESE GREEN TEA，66 箱/ PACKED IN 66 CARTONS

4. 货物数量：330 kg

5. 货物总值：USD 36 300.00

6. 合同日期：2011 年 6 月 10 日
7. 合同号：RT05342
8. 信用证号：E－02－L－02969
9. 出口许可证编号：2011052433
10. H. S. 编码：09021090
11. 出口商编码：1957626546
12. 起运口岸：上海/SHANGHAI
13. 到达口岸：汉堡/ HAMBURG
14. 运输工具及名称：PUDONG V. 503
15. 集装箱规格与数量：TE×112263978，1×20′
16. 报检单位登记号：1486987661
17. 货物存放地：上海市逸仙路 500 号
18. 用途：销售
19. 生产单位注册号：8855996644

操作准备

1. 针对本任务，操作准备工作内容如下：

项目		准备内容
布置环境	硬件	计算机
	主要涉及角色	发货人、货运代理人、船公司及其代理
	其他工具	纸、笔
	涉及单据	出境货物报检单、场站收据、报检委托书、出境货物通关单、出境货物换证凭单
制订计划	步骤一	报检委托
	步骤二	填制出境货物报检单
	步骤三	交单
	步骤四	实施检验检疫
	步骤五	确定产地，出具单证

2. 出境货物报检单

中华人民共和国出入境检验检疫
出境货物报检单

报检单位（加盖公章）： ＊编　号：__________________

报检单位登记号： 联系人： 电话： 报检日期：_____年__月___日

发货人	（中文）	
	（外文）	
收货人	（中文）	
	（外文）	

货物名称（中/外文）	H. S. 编码	产地	数/重量	货物总值	包装种类及数量

运输工具名称及号码		贸易方式		货物存放地点	
合同号		信用证号		用途	

发货日期		输往国家（地区）		许可证/审批号	
起运口岸		到达口岸		生产单位注册号	
集装箱规格、数量及号码					

合同、信用证订立的检验检疫条款或特殊要求	标记及号码	随附单据（画“√”或补填）	
		□合同	□包装性能结果单
		□信用证	□许可/审批文件
		□发票	□
		□换证凭单	□
		□装箱单	□
		□厂检单	□

需要证单名称（画“√”或补填）		＊检验检疫费	
□品质证书 ____正____副	□植物检疫证书 ____正____副	总金额（人民币元）	
□重量证书 ____正____副	□熏蒸/消毒证书 ____正____副		
□数量证书 ____正____副	□出境货物换证凭单 ____正____副		
□兽医卫生证书 ____正____副	□	计费人	
□健康证书 ____正____副	□		
□卫生证书 ____正____副	□	收费人	
□动物卫生证书 ____正____副	□		

续表

报检人郑重声明： 1. 本人被授权报检。 2. 上列填写内容正确、属实，货物无伪造或冒用他人的厂名、标志、认证标志，并承担货物质量责任。 签名：＿＿＿	领取证单	
	日期	
	签名	
注：有“＊”号栏由出入境检验检疫机关填写	◆国家出入境检验检疫局制 [1－2（2010.1.1）]	

操作步骤

步骤一　报检委托

2011 年 6 月 13 日，琳丽货代在接到船公司的配舱回单（订舱确认）后，将配舱回单回传给上海进出口贸易公司。上海进出口贸易公司便委托琳丽货代完成这批绿茶的出境报检操作。

报 检 委 托 书

＿上海＿出入境检验检疫局：

本委托郑重声明，保证遵守出入境检验检疫法律法规的规定。如有违法行为，自愿接受检验检疫机构的处罚并负法律责任。

本委托人委托受托人向检验检疫机构提交报检申请单和各种随附单据。具体委托情况如下：

本公司将于 2011 年 6 月间进口/出口如下货物：

品名	中国绿茶 CHINESE GREEN TEA	H.S. 编码	09021090
数量	330 kg	合同号	RT05342
信用证号	E－02－L－02969	审批文件	
其他特殊要求	无		

特委托 琳丽国际货运代理公司（单位/注册登记号），代表本公司办理下列出入境检验检疫事宜：

☑1. 办理代理报检手续；

☑2. 代缴检验检疫费；

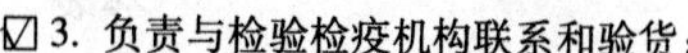

☑3. 负责与检验检疫机构联系和验货；

☑4. 领取检验检疫证单；

☑5. 其他与报检有关的相关事宜。

请贵局按相关法律法规规定予以办理。

委托人（公章）	受委托人（公章）
上海进出口贸易公司	琳丽国际货运代理公司
2011 年06 月13 日	2011 年06 月13 日

本委托书有效期至 2011 年12 月13 日

上海进出口贸易公司随附发票、装箱单、场站收据等单据给琳丽货代。

场站收据如下所示：

D/R 编号（舱位号） DHL-CK62912356

SHIPPER SHANGHAI IMPORT & EXPORT TRADE CORPORATION			配舱回单 第九联		
CONSIGNEE TO ORDER					
NOTIFY PARTY PLH TRADING CORPORATION (HAMBURG / GERMANY)					
PRE – CARRIAGE		PLACE OF RECEIPT			
OCEAN VESSEL VOY NO. DHL PUDONG V. 503		PORT OF LOADING SHANGHAI			
PORT OF DISCHARGE HAMBURG		PLACE OF DELIVER		FINAL DESTINATION FOR THE MERCHANT' S REFERENCE	
CONTAINER NO.	SEAL NO. MARKS & NOS N/M	NO. OF CONTAIN-ERS OR PKGS 66	KIND OF PACKAGE DESCRIPTION OF GOODS CARTON	GROSS WEIGHT 330 KGS	MEASURE-MENT 27. 945 CBM

续表

<table>
<tr><td colspan="4">TOTAL NUMBER OF CONTAINERS OR PACKAGES</td><td colspan="4">SAY SIXTY AND SIX CARTONS ONLY</td></tr>
<tr><td colspan="8">CONTAINER NO.　SEAL NO.　PKGS.　CONTAINER NO.　SEAL NO.　PKGS.
装船日期：2011年6月28日</td></tr>
<tr><td colspan="3"></td><td colspan="2">RECEIVED</td><td colspan="3">BY TERMINAL CLERK</td></tr>
<tr><td rowspan="2">FREIGHT & CHARGES</td><td colspan="2">PREPAID AT SHANGHAI</td><td colspan="2">PAYABLE AT</td><td colspan="3">PLACE OF ISSUE</td></tr>
<tr><td colspan="2">TOTAL PREPAID</td><td colspan="2">NO. OF ORIGINAL B（S）/L</td><td colspan="3">BOOKING APPROVED BY</td></tr>
<tr><td colspan="2">SERVICE TYPE ON RECEIVING
（）CY（）CFS（）DOOR</td><td colspan="2">SERVICE TYPE ON DELIVERY
（）CY（）CFS（）DOOR</td><td colspan="2">REEFER TEMPERATURE REQUIRED
（冷藏温度）</td><td>°F</td><td>℃</td></tr>
<tr><td rowspan="2">TYPE OF GOODS</td><td colspan="4">（）ORDINARY（）REEFER（）DANGEROUS（）AUTO</td><td rowspan="2">危险品</td><td colspan="2" rowspan="2">CLASS.
PROPERTY.
IMDG CODE PAGE.
UN NO.</td></tr>
<tr><td colspan="4">船代加盖签单章
（）LIQUID（）LIVE ANIMAL（）BULK</td></tr>
</table>

发票（INVOICE）如下所示：

上海进出口贸易公司

SHANGHAI IMPORT &EXPORT TRADE CORPORATION

INVOICE

TO：PLH TRADING CORPORATION（HAMBURG / GERMANY）

INV. NO.：JC－JUN110520

INV. DATE：JUN. 11. 2011

S/C NO.：JC2011－PR096

FROM：SHANGHAI　　TO：HAMBURG　　SHIPPED BY：

MARKS&NOS.	DESCRIPTION OF GOODS	QUANTITY	UNIT PRICE	AMOUNT
N/M	CHINESE GREEN TEA	66CTNS	US $ 550.00	US $ 36 300.00

TOTAL AMOUNT IN WORDS：SAY U. S. DOLLARS THIRTY SIX THOUSAND AND THREE HUNDRED ONLY

TOTAL G. W. /TOTAL N. W. ：330 KGS/312 KGS

TOTAL PACKAGES：66CTNS

上海进出口贸易公司

SHANGHAI IMPORT & EXPORT TRADE CORPORATION

装箱单（PACKING LIST）如下所示：

上海进出口贸易公司

SHANGHAI IMPORT &EXPORT TRADE CORPORATION

PACKING LIST

TO：PLH TRADING CORPORATION（HAMBURG / GERMANY）

INV. NO. ：JC－JUN110520

INV. DATE：JUN. 11. 2011

FROM：SHANGHAI　　TO：HAMBURG　　SHIPPED BY：

MARKS&NOS.	DESCRIPTION OF GOODS	PKG	QTY	G. W.	N. W.	MEAS.
N/M	CHINESE GREEN TEA	66		330.00 KGS	312.00 KGS	27.945 CBM

TOTAL PACKAGES IN WORDS：SAY SIXTY SIX CARTONS ONLY

TOTAL G. W. /TOTAL N. W. ：330 KGS/312 KGS

上海进出口贸易公司

SHANGHAI IMPORT & EXPORT TRADE CORPORATION

步骤二 填制出境货物报检单

琳丽货代在接受出境报检委托，并将报检随附单据全部准备完成后，开始根据随附单据填制出境货物报检单。

中华人民共和国出入境检验检疫

出境货物报检单

报检单位（加盖公章）： 琳丽国际货运代理公司 ＊编 号：

报检单位登记号： 1486987661 联系人：霍代参 电话：136××××××××× 报检日期：2011 年 6 月 14 日

<table>
<tr><td rowspan="2">发货人</td><td>（中文）</td><td colspan="5">上海进出口贸易公司</td></tr>
<tr><td>（外文）</td><td colspan="5">SHANGHAI IMPORT & EXPORT TRADE CORPORATION</td></tr>
<tr><td rowspan="2">收货人</td><td>（中文）</td><td colspan="5">德国 PLH 贸易公司</td></tr>
<tr><td>（外文）</td><td colspan="5">PLH TRADING CORPORATION</td></tr>
<tr><td>货物名称（中/外文）</td><td>H. S. 编码</td><td>产地</td><td>数/重量</td><td>货物总值</td><td colspan="2">包装种类及数量</td></tr>
<tr><td>中国绿茶/
CHINESE GREEN TEA</td><td>09021090</td><td>上海</td><td>330 KGS</td><td>USD 36 300. 00</td><td colspan="2">纸箱/66 箱</td></tr>
<tr><td>运输工具名称及号码</td><td>DHL PUDONG V. 503</td><td>贸易方式</td><td>一般贸易</td><td>货物存放地点</td><td colspan="2">上海市逸仙路 500 号</td></tr>
<tr><td>合同号</td><td>RT05342</td><td>信用证号</td><td>E－02－L－02969</td><td>用途</td><td colspan="2">销售</td></tr>
<tr><td>发货日期</td><td>2011. 6. 28</td><td>输往国家（地区）</td><td>德国</td><td>许可证/审批号</td><td colspan="2">2011052433</td></tr>
<tr><td>起运口岸</td><td>上海</td><td>到达口岸</td><td>汉堡</td><td>生产单位注册号</td><td colspan="2">8855996644</td></tr>
<tr><td>集装箱规格、数量及号码</td><td colspan="6">TE×112263978/ 1×20′</td></tr>
<tr><td colspan="2">合同、信用证订立的检验检疫条款或特殊要求</td><td colspan="2">标记及号码</td><td colspan="3">随附单据（画“√”或补填）</td></tr>
<tr><td colspan="2">/</td><td colspan="2">N/M</td><td colspan="2">☑合同
☑信用证
☑发票
☐换证凭单
☑装箱单
☐厂检单</td><td>☐包装性能结果单
☑许可/审批文件
☐
☐
☐
☐</td></tr>
<tr><td colspan="4">需要证单名称（画“√”或补填）</td><td colspan="3">＊检验检疫费</td></tr>
</table>

续表

<table>
<tr><td>□品质证书 ___正___副
□重量证书 ___正___副
□数量证书 ___正___副
□兽医卫生证书 ___正___副
□健康证书 ___正___副
□卫生证书 ___正___副
□动物卫生证书 ___正___副</td><td>□植物检疫证书 ___正___副
□熏蒸/消毒证书 ___正___副
□出境货物换证凭单 ___正___副
□
□
□
□</td><td>总金额
（人民币元）

计费人

收费人</td><td></td></tr>
<tr><td colspan="2">报检人郑重声明：
1. 本人被授权报检。
2. 上列填写内容正确、属实，货物无伪造或冒用他人的厂名、标志、认证标志，并承担货物质量责任。
签名：霍代参</td><td colspan="2">领取证单
日期
签名</td></tr>
<tr><td colspan="4">注：有“＊”号栏由出入境检验检疫机关填写　　◆国家出入境检验检疫局制
[1-2（2010.1.1）]</td></tr>
</table>

步骤三　交单

琳丽货代完成了报检单的填制之后，仔细核对单据内容，并将全部材料准备齐全，交给上海出入境检验检疫局，申请报检。

1. 报检委托书：一份正本，加盖委托人的公章。

2. 其他单据复印件：合同、信用证、发票、装箱单、许可/审批文件。

3. 货物包装声明（正本）。

4. 出境货物报检单一份，并准确填写本批货物出境报检的相关信息。

步骤四　实施检验检疫

上海出入境检验检疫局受理本批绿茶的出境报检并收取了检验检疫费，按照要求及规定对这批绿茶实施检验检疫。

步骤五　确定产地，出具单证

实地检验检疫完成后，上海出入境检验检疫局依据出境货物的报检地与出境地是否一致来发放不同的单证。由于本批绿茶的产地与出口地均为上海，即报检地和出境地一致，上海出入境检验检疫局对本批绿茶向琳丽货代签发出境货物通关单（有效期两个月）。

中华人民共和国出入境检验检疫
出境货物通关单

1 发货人：上海进出口贸易公司			5 标记及号码 N/M
2 收货人：德国 PLH 贸易公司			
3 合同/信用证： RT05342/E-02-L-02969	4 输往国家或地区： 德国		
6 运输工具名称及号码： DHL PUDONG V.503	7 发货日期： 2011.6.28		8 集装箱规格和数量： TE×112263978，1×20′
9 货物名称及规格： 中国绿茶	10 H.S. 编码： 09021090	11 申报总值： USD 36 300.00	12 数/重量、包装数量及种类： 330 KGS、纸箱、66 箱
13 证明： 上述货物业经检验检疫，请海关予以放行。 本通关单有效期至　二零一二年六月十七日 签字：　简依参　日期：2011 年 6 月 17 日 检验检疫专用章			
14 备注 * * * * * * * * * * * * * * * *			

此时，整箱货物的出口报检操作顺利完成。

相关链接

实地检验检疫完成之后，出入境检验检疫局会根据报检地和出境地是否一致给报检申请人出具不同的单证。

若报检地和出境地一致，出入境检验检疫局直接出具出境货物通关单给报检申请人，表示报检已经顺利完成，可以向海关申请报关了。

若报检地和出境地不一致，出入境检验检疫局就在产地实施检验后向报检申请人出具出境货物换证凭单或出境货物换证凭条。

中华人民共和国出入境检验检疫
出境货物换证凭单

类别：　　　　　　　　编号：

发货人		标记和号码	
收货人			
品名			
H. S. 编码			
报检数/重量			
包装种类和数量			
申报总值		生产单位	
产地		生产批号	
生产日期		合同/信用证号	
包装性能检验结果单号		运输工具名称及号码	
输往国家和地区		集装箱数量及规格	
发货日期		检验依据	
检验检疫机构	检验结果： 上述商品经检验合格。 * * * * * * * 备注： 签字：　　　　日期：年　月　日		

续表

<table>
<tr><td>本单有效期</td><td colspan="8">截止于　年　月　日</td></tr>
<tr><td>备注</td><td colspan="8"></td></tr>
<tr><td rowspan="5">分批出境核销栏</td><td>日期</td><td>出境数/重量</td><td>结存数/重量</td><td>核销人</td><td>日期</td><td>出境数/重量</td><td>结存数/重量</td><td>核销人</td></tr>
<tr><td></td><td></td><td></td><td></td><td></td><td></td><td></td><td></td></tr>
<tr><td></td><td></td><td></td><td></td><td></td><td></td><td></td><td></td></tr>
<tr><td></td><td></td><td></td><td></td><td></td><td></td><td></td><td></td></tr>
<tr><td></td><td></td><td></td><td></td><td></td><td></td><td></td><td></td></tr>
</table>

在出境地，申请人持出境货物换证凭单到出境地的出入境检验检疫局申请换取出境货物通关单，此时报检操作即完成。

第 2 节　整箱货进口操作

任务一　整箱货进口运输操作

学习目标

通过本单元的学习，能够顺利完成集装箱整箱货进口运输操作流程。

技能要点

1. 熟悉审核并确认客户海运托运单信息完整的要点
2. 熟悉网上订舱的方法
3. 掌握制作提单的方法
4. 掌握识读和制作进口交货记录五联单的方法
5. 掌握识读和制作进口货物报关单的方法
6. 熟悉货物进口报关流程

操作任务

任务名称：整箱货进口运输操作

任务背景：

2011 年 5 月 1 日，上海洪强机械制造公司（以下简称“洪强制造”）从马来西亚 HAYU MALAYSIA APPARATUS PTE LTD. 进口一批机械螺母（型号为 M12L24）。双方签订了贸易合同，成交方式为 FOB，结算方式为信用证。此批螺母供外贸自营内销。

由于成交方式为 FOB，进口商洪强制造负责运输和保险业务。洪强制造委托上海广峰进出口代理公司（以下简称“广峰代理”）完成这批机械设备的进口业务操作。2011 年 5 月 15 日，广峰代理委托出口地货代公司从出口地丹戎帕拉帕斯港租船订舱，5 月 30 日这批螺母顺利装船，签发提单。2011 年 6 月 10 日船到港。

集装箱号：CCLU2832761 * (1)

泊位：港区 4－03 泊位

商品数量：每 100 个 10 kg，共 1 000 kg

包装种类：纸箱

包装说明：每 10 kg 一个包装，共 100 个包装箱，每 4 小箱装在一个大包装箱内，共 25 箱。

操作准备

1. 针对本任务，操作准备工作内容如下：

项目	准备内容	
布置环境	硬件	计算机
	主要涉及角色	发货人、收货人、货运代理人、海关、检验检疫中心
	其他工具	纸、笔
	涉及单据	海运托运单、提单、提货单、报关委托书
制订计划	步骤一	委托租船订舱
	步骤二	装船
	步骤三	接单接货
	步骤四	到货通知
	步骤五	货代换单
	步骤六	进口报关
	步骤七	进口报检
	步骤八	货代提货发货

2. 提货单

提　货　单

	海关编号	

收货人： TEL： FAX：	下列货物已办妥手续，运费结清，准予交付收货人

船名：	航次：	起运港：	目的港：
提单号：	交付条款：	第一程运输：	
集装箱号：	箱数：	换单日期：	卸货地点：

集装箱号，铅封号	货物名称	件数与包装	重量（kg）	体积
收货人章：	海关章：			

注意事项：

1. 本提货单需要有船单（船公司）放货章和海关放行章后方始有效。凡属法定检验检疫的进口商品，必须向检验检疫机构申报。

2. 货物超过港存期，码头公司可以按有关规定处理。在规定期间无人提取的货物，按《海关法》和国家有关规定处理。

操作步骤

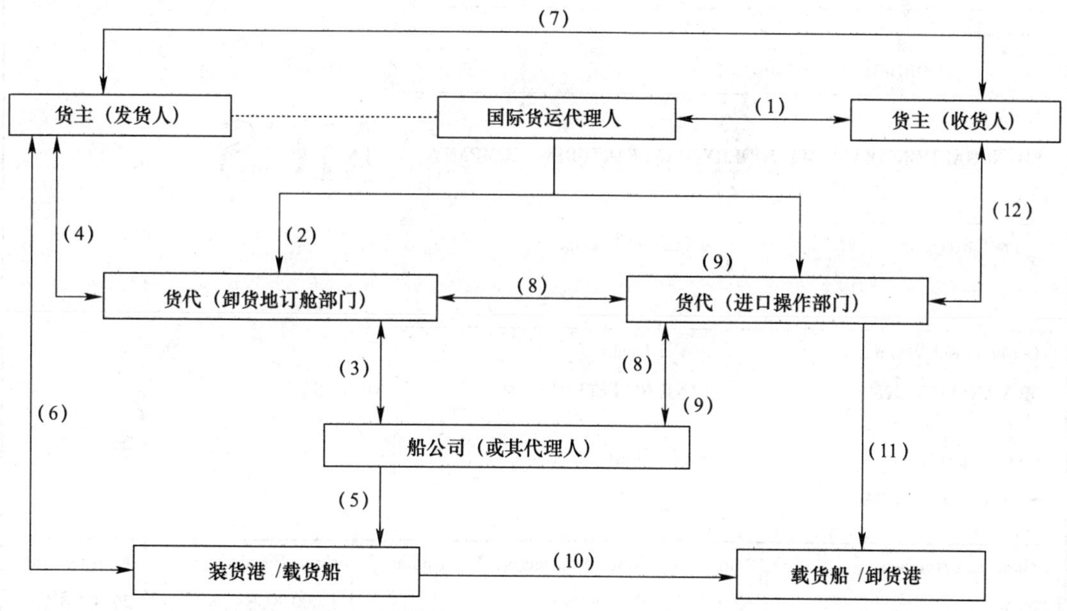

步骤一 委托租船订舱

2011 年 5 月 15 日，洪强制造委托广峰代理完成这批货物的进口运输操作，双方签订运输协议。

广峰代理委托出口地货代公司从出口地丹戎帕拉帕斯港租船订舱，并与出口商 HAYU MALAYSIA APPARATUS PTE LTD. 核对了这批螺母的总量，收到了发票、装箱单等单据。出口地货代公司核对出口货物信息并核对托运单内容与实际出口商品信息、缮制了货物清单之后，向船公司租船订舱。

出口地货代公司租船订舱确认之后，及时通知广峰代理船名航次为 MCS ANGLE V0928，提单号为 XMCSQFCKC00051。

步骤二 装船

出口商 HAYU MALAYSIA APPARATUS PTE LTD. 准时将这批螺母交给船公司。2011 年 5 月 30 日，出口地船公司顺利地将这批货物装船，装船结束之后顺利签发提单。

Shipper

HAYU MALAYSIA APPARATUS PTE LTD.

BILL OF LADING

B/L NO. XMCSQFCKC00051

Consignee

TO ORDER

Notify Party

SHANGHAI HONGQIANG MACHINERY MANUFACTURING COMPANY

MCS

* Pre Carriage by	* Place of Receipt
Ocean Vessel Voy. No. MCS ANGLE V0928	Port of Loading TANJUNG PELEPAS，MAR
Port of Discharge SHANGHAI，CHINA	* Final Destination

ORIGINAL

Marks and Numbers	Number and Kind of Packages; Description	Gross Weight	Measurement
N/M	NUT 100 SET，PACKED IN EXPORT CARTONS OF EACH SETS EACH；TRANSPORTED IN 20′ CONTAINERS OF 25 CARTONS EACH	1 000 KGS	26.4 CBM

FREIGHT PREPAID

TOTAL PACKAGES（IN WORDS） SAY TWENTY FIVE CARTONS ONLY

Freight and Charges

Place and Date of Issue

TANJUNG PELEPAS

Signed for the Carrier

As agent for the carrier mcs container lines

* Applicable only when document used as a Through Bill of Loading

出口地货代公司在收到提单之后，将提单、发票、装箱单等单据一起寄给广峰代理。

出口地船公司及时将船到上海港的时间以提货通知书的形式通知广峰代理：船名航次为 MCS ANGLE V0928 的船预计到达上海港的时间是 2011 年 6 月 10 日，要求广峰代理及时做好提货准备，以便货物在抵达上海港之后，能够尽快将货物运送出港，避免货物在港口的积压。

步骤三 接单接货

广峰代理在收到出口地货代公司寄来的全套单据之后，核对提货通知书，及时安排了船停靠的泊位和装卸计划。这批螺母装在一个 20 尺集装箱内，提单号为 XMCSQF-CKC00051，根据发送来的船图、积载图、舱单可以一目了然地看到这个集装箱的位置，于是广峰代理编制了卸货计划和放箱位置。

船到港后，船舶停靠在港区 4－03 泊位。2011 年 6 月 10 日，船代公司和港务、港监共同安排船舶停靠和卸船，全程记录卸货过程。

步骤四 到货通知

广峰代理收到出口地货代公司发来的提货通知书。与此同时，广峰代理将五联单中的第一联到货通知联寄交给洪强制造。洪强制造可持正本提单和到货通知书至船公司或船代公司付清运费后换取其余四联。

步骤五 货代换单

广峰代理收到出口商的全套单据后，在提货之前需要将提单向船公司换成五联单（提货单）才能够完成通关和提货。

提货单（DELIVERY ORDER，英文缩写 D/O）又称“小提单”，是收货人凭提单正本或副本随同有效的担保向承运人或其代理人换取的，可向港口装卸部门提取货物的凭证。发放提货单时应做到：正本提单为合法持有人所持有；提单上的非清洁批注应转上提货单；当发生溢短残情况时，收货人有权向承运人或其代理获得相应的签证；运费未付的，应在收货人付清运费及有关费用后，方可放提货单。

在向船代换单时，首先审核提单正本上标注的运费是到付还是预付。这里主要完成的是运费的确认，如果是到付就要去财务交运费，之后正本提单上就会加盖运费付讫章，如果是预付就不用交运费。

本案例中，洪强制造所持有提单上可以看到运费是预付，标记有“FREIGHT PREPAID”，所以这步可以省略。在正本提单上加盖运费付讫章即可进行下一步操作。

在加盖运费付讫章之后，提货的车队到船代公司箱管科交押箱费。此时，会换取设备交接单，同时也会在正本提单上加盖押箱章。首先凭提单复印件盖收货人章及车队章。进口押箱相关费用见下表：

<table>
<tr><td rowspan="3">普通箱</td><td>免费用箱期</td><td>押箱费（万元）</td><td>期限</td><td>前 11～20 天</td><td>21～40 天</td><td>40 天以上</td></tr>
<tr><td rowspan="2">10 天</td><td>小箱：押 1</td><td rowspan="2">滞箱费</td><td>USD5/天</td><td>USD10/天</td><td>USD20/天</td></tr>
<tr><td>大箱：押 2</td><td>USD10/天</td><td>USD20/天</td><td>USD40/天</td></tr>
<tr><td rowspan="3">冷箱</td><td colspan="2">—</td><td>期限</td><td>前 5～10 天</td><td>11～20 天</td><td>20 天以上</td></tr>
<tr><td rowspan="2">4 天</td><td>小箱：押 1.5</td><td rowspan="2">滞箱费</td><td>USD20/天</td><td>USD35/天</td><td>USD70/天</td></tr>
<tr><td>大箱：押 3</td><td>USD40/天</td><td>USD70/天</td><td>USD140/天</td></tr>
<tr><td rowspan="2">高箱</td><td colspan="2">—</td><td>期限</td><td>8～15 天</td><td>16～40 天</td><td>40 天以上</td></tr>
<tr><td>7 天</td><td>押 3</td><td>滞箱费</td><td>USD14/天</td><td>USD25/天</td><td>USD50/天</td></tr>
</table>

广峰代理的车队向相关部门交纳 1 万元的押箱费之后，即有 10 天的免费用箱期。在这段时间内要完成送货和还箱才能不产生额外滞箱费。

交纳押箱费之后，在正本提单上就加盖有运费付讫章、押箱章两个签章。接着就要办理持单换单操作。这份正本提单中，收货人栏目为“TO ORDER”。按照业务操作标准，需要发货人背书和一份正本提单或三份正本提单可以换取提货单。进口放提对应提单换提货单对应表见下表：

提单收货人栏目	进口放提对应提单
TO ORDER	发货人背书＋一份正本/三份正本
收货人自己	收货人背书（发货人不用背书）或三份正本
电放提单	收货人电放保函和提单副本一份（正、副本提单复印件或副本）

船代公司收到发货人背书的三份正本提单，审核确认盖有运费付讫章、押箱章后加盖船代放行章。于是广峰代理顺利换取到了提货单。提货单如下所示：

<table>
<tr><td colspan="5">提　货　单</td></tr>
<tr><td colspan="4">海关编号</td><td>126009441</td></tr>
<tr><td colspan="3">收货人：
SHANGHAI HONGQIANG MACHINERY MANUFACTURING COMPANY
上海洪强机械制造公司</td><td colspan="2" rowspan="2">下列货物已办妥手续，运费结清，准予交付收货人</td></tr>
<tr><td colspan="3">TEL：021－7946765
FAX：021－7946765</td></tr>
<tr><td>船名：
MCS ANGLE</td><td>航次：
V0928</td><td colspan="2">起运港：
TANJUNG PELEPAS</td><td>目的港：
SHANGHAI</td></tr>
<tr><td>提单号：
XMCSQFCKC00051</td><td>交付条款：
CY－CY</td><td colspan="3">第一程运输：</td></tr>
<tr><td>集装箱号：
CCLU2832761＊1（1）</td><td>箱数：
25 箱</td><td colspan="2">换单日期：
2011. 6. 10</td><td>卸货地点：
上海港</td></tr>
<tr><td>集装箱号，铅封号</td><td>货物名称</td><td>件数与包装</td><td>重量（kg）</td><td>体积</td></tr>
<tr><td>CCLU2832761＊1（1）</td><td>螺母</td><td>25 箱</td><td>1 000 KGS</td><td>26. 4 CBM</td></tr>
<tr><td></td><td></td><td colspan="2"></td><td></td></tr>
<tr><td></td><td></td><td colspan="2"></td><td></td></tr>
<tr><td></td><td></td><td colspan="2"></td><td></td></tr>
<tr><td>收货人章：</td><td>海关章：</td><td colspan="3">船代加盖
提货专用章</td></tr>
</table>

续表

注意事项：
1. 本提货单需要有船单（船公司）放货章和海关放行章后方始有效。凡属法定检验检疫的进口商品，必须向检验检疫机构申报。 2. 货物超过港存期，码头公司可以按有关规定处理。在规定期间无人提取的货物，按《海关法》和国家有关规定处理。

提单的抬头有三种：

1. 90%常用的抬头是“TO ORDER”（必填写通知方），目的为了控制物权、便于转让，并在船到港两三天前通知货已到港。

2. “TO ORDER”又分为“TO ORDER OF SHIPPER”和“TO ORDER OF ＊＊ BANK（指定代收行）”两种，需要发货人背书或收货人持三份正本提单才可以提货。

3. 电放（TELEX RELEASE）是对近洋国家之间的运输而提出的。

近洋国家之间由于运输距离比较短，等签发提单后船就基本要到目的港了，来不及将提单邮寄给收货人或通知方，用正本提单很不现实，于是就提出了使用电放手续换取提货单。

实际操作中，办理电放提单时，出口商出电放保函给船方，此时船公司给目的港船公司发传真，在舱单上批注内容“此票货物办理电放”。进口商持提单复印件和收货人电放保函即可提货。在使用电放提单时，要注意提单上必须填写收货人。

步骤六　进口报关

1. 收集单据

洪强制造收到出口商寄来的全套正本单据（包括贸易合同、发票、装箱单等单据）之后，就将全套单据交给广峰代理，委托其办理通关手续。

2. 报关委托

洪强制造首先确认了商品编码为73181600，通过查阅得知监管条件为B。出口商品已经经过法定商检，办理进口不需要法检，也不必提供入境货物通关单。

此处如果监管条件是A或A/B，就需要办理进口法检手续。必须经商检机构检验，办理进口商品登记，获得入境货物通关单。

报关委托书如下所示：

代 理 报 关 委 托 书

我单位（A. 逐票、B. 长期）委托贵公司代理 ABCD 等通关事宜。（A. 填单申报 B. 辅助查验 C. 点缴税款 D. 办理海关证明联 E. 审批手册 F. 核销手册 G. 申办减免税款 H. 其他）详见《委托报关协议》。

我单位保证遵守《海关法》和国家有关法规，保证所提供的情况属实、完整，单货相符，无侵犯他人知识产权的行为。否则，愿承担相关法律责任。

本委托书有效期自签字之日起至　　年　月　日止。

委托方（盖章）：上海洪强机械制造公司

法定代表人或其授权签署《代理报关委托书》的人（签字）：×××

2011 年 6 月 12 日

委 托 报 关 协 议

为明确委托报关具体事项和各自责任，双方经平等协商签订协议如下：

委托方	上海洪强机械制造公司
主要货物名称	M12L24 螺母
H. S. 编码	73181600
货物总价	
进出口日期	2011 年 6 月 10 日
提单号	* * *
贸易方式	一般贸易
原产地/货源地	马来西亚
其他要求：	
委托方业务签章： 上海洪强机械制造公司 经办人签章：××× 联系电话：	

被委托方	上海广峰进出口代理公司	
报关单编码	* * * *	
收到单证日期	* * * *	
收到单证情况	■ 合同	■ 发票
	■ 装货清单	□ 提单
	□ 加工贸易手册	□ 许可证号
	其他　核销单　通关单	
报关收费	人民币：　* * *　　元	
承诺说明：		
委托方业务签章： 上海广峰进出口代理公司 经办人签章：××× 联系电话：		

3. 填写进口货物报关单草单

广峰代理根据本笔业务的全套单据，填制进口货物单报关单草单。

中华人民共和国海关进口货物报关单

预录入编号：　　　　　　　　海关编号：

<table>
<tr><td colspan="2">进口口岸
上海浦东海关 2210</td><td colspan="2">备案号</td><td colspan="2">进口日期
20110610</td><td>申报日期
20110612</td></tr>
<tr><td colspan="2">经营单位
上海洪强机械制造公司　3122213110</td><td>运输方式
2</td><td colspan="2">运输工具名称
MCS ANGLE V0928</td><td colspan="2">提运单号
XMCSQFCKC00051</td></tr>
<tr><td colspan="2">收货单位
上海洪强机械制造公司　3122213110</td><td colspan="2">贸易方式
一般贸易 0110</td><td colspan="2">征免性质
一般征税</td><td>征税比例</td></tr>
<tr><td>许可证号</td><td colspan="2">起运国（地区）
马来西亚</td><td colspan="2">装货港
丹戎帕拉帕斯</td><td colspan="2">境内目的地
上海</td></tr>
<tr><td>批准文号
WDF433434343</td><td>成交方式
FOB</td><td colspan="2">运费
502/2000/3</td><td colspan="2">保费
000/0.03/1</td><td>杂费</td></tr>
<tr><td>合同协议号
SH0710001 - 16HH024</td><td>件数
100</td><td colspan="2">包装种类
纸箱</td><td colspan="2">毛重（kg）
1 070.00</td><td>净重（kg）
1 000.00</td></tr>
<tr><td>集装箱号
CCLU2832761 *（1）</td><td colspan="5">随附单据
自动进口许可证 提单 提货单</td><td>用途
企业自用</td></tr>
<tr><td colspan="7">标记唛码及备注</td></tr>
</table>

项号	商品编号	商品名称、规格型号	数量及单位	原产国（地区）	单价	总价	币制	征免
	73181600	螺母	1 000kg	马来西亚	200.00	20 000.00	USD	照章征税

<table>
<tr><td colspan="3">税费征收情况</td></tr>
<tr><td>录入员　　录入单位</td><td>兹声明以上申报无讹并承担法律责任</td><td>海关审单批注及放行日期（签章）</td></tr>
<tr><td colspan="2"></td><td>审单　　审价</td></tr>
<tr><td>报关员</td><td>申报单位（签章）</td><td>征税　　统计</td></tr>
<tr><td colspan="2">单位地址</td><td>查验　　放行</td></tr>
<tr><td>邮编　　电话</td><td>填制日期</td><td></td></tr>
</table>

4. 发送单据

广峰代理登录海关电子口岸，到海关预录入中心预录入货物信息，进行电子申报。

5. 审单

电子申报的货物信息通过海关内部系统传输给海关审单中心，审单中心审核通过后，再将报关单及随附单证合同、发票、装箱单、提货单正本和提单副本递交给海关书面审核。

海关审完单后，核对计算机系统计算的税费，开具税款缴款书和收费票据。广峰代理在规定时间内持缴款书或收费票据到指定的银行办理税费交付手续。若是可登录中国电子口岸网上缴税和付费的海关，则广峰代理可通过电子口岸接收海关发出的税款缴款书和收费票据，在网上向签有协议的银行进行电子支付税费。收到银行缴款成功的信息后，报请海关办理货物放行手续。

审核通过后，海关在进口货物提货单上签盖海关放行章，同时在计算机中确认放行，使该货物可以通过电子闸门。广峰代理签收提货单，凭此单提取进口货物。

<table>
<tr><th colspan="6">提　货　单</th></tr>
<tr><td colspan="4"></td><td>海关编号</td><td>126009441</td></tr>
<tr><td colspan="3">收货人：
SHANGHAI HONGQIANG MACHINERY MANUFACTURING COMPANY
上海洪强机械制造公司</td><td colspan="3" rowspan="2">下列货物已办妥手续，运费结清，准予交付收货人</td></tr>
<tr><td colspan="3">TEL：021 －7946765
FAX：021 －7946765</td></tr>
<tr><td>船名：
MCS ANGLE</td><td>航次：
V0928</td><td colspan="2">起运港：
TANJUNG PELEPAS</td><td colspan="2">目的港：
SHANGHAI</td></tr>
<tr><td>提单号：
XMCSQFCKC00051</td><td colspan="2">交付条款：
CY－CY</td><td colspan="3">第一程运输：</td></tr>
<tr><td>集装箱号：
CCLU2832761＊1（1）</td><td>箱数：
25箱</td><td colspan="3">换单日期：
2011.6.10</td><td>卸货地点：
上海港</td></tr>
<tr><td>集装箱号，铅封号</td><td>货物名称</td><td>件数与包装</td><td colspan="2">重量（kg）</td><td>体积</td></tr>
<tr><td>CCLU2832761＊1（1）</td><td>螺母</td><td>25箱</td><td colspan="2">1 000 KGS</td><td>26.4 CBM</td></tr>
<tr><td></td><td></td><td></td><td colspan="2"></td><td></td></tr>
<tr><td></td><td></td><td></td><td colspan="2"></td><td></td></tr>
<tr><td></td><td></td><td></td><td colspan="2"></td><td></td></tr>
</table>

续表

收货人章：	海关章：		
	海关加盖放行章		船代加盖提货专用章
注意事项： 1. 本提货单需要有船单（船公司）放货章和海关放行章后方始有效。凡属法定检验检疫的进口商品，必须向检验检疫类机构申报。 2. 货物超过港存期，码头公司可以按有关规定处理。在规定期间无人提取的货物，按《海关法》和国家有关规定处理。			

若海关在审单过程中发现问题，则送查验科查验。现场查验后，决定是否放行。

步骤七 进口报检

海关通关放行后应去三检大厅办理三检。向大厅内的代理报检机构提供装箱单、发票、合同、报关单，由他们代理报检。报检后，可在大厅内统一窗口交费，并在白色提货单上盖三检放行章。

提 货 单			
		海关编号	126009441
收货人： SHANGHAI HONGQIANG MACHINERY MANUFACTURING COMPANY 上海洪强机械制造公司		下列货物已办妥手续，运费结清，准予交付收货人	
TEL：021－7946765 FAX：021－7946765			
船名： MCS ANGLE	航次： V0928	起运港： TANJUNG PELEPAS	目的港： SHANGHAI
提单号： XMCSQFCKC00051	交付条款： CY－CY	第一程运输：	
集装箱号： CCLU2832761＊1（1）	箱数： 25 箱	换单日期： 2011. 6. 10	卸货地点： 上海港

续表

集装箱号，铅封号	货物名称	件数与包装	重量（kg）	体积
CCLU2832761 *1（1）	螺母	25 箱	1 000 KGS	26.4 CBM
收货人章：	海关章：			
	海关加盖放行章	检验检疫合格章	船代加盖提货专用章	
注意事项：				
1. 本提货单需要有船单（船公司）放货章和海关放行章后方始有效。凡属法定检验检疫的进口商品，必须向检验检疫机构申报。 2. 货物超过港存期，码头公司可以按有关规定处理。在规定期间无人提取的货物，按《海关法》和国家有关规定处理。				

步骤八 货代提货发货

广峰代理拿到盖有海关放行章、提货专用章、检验检疫合格章的提货单之后，即表示通关放行，可持设备交接单到堆场提箱。提箱过程中与堆场有关人员共同检查箱体有无重大残破，如有，要求港方在设备交接单上签残。

洪强制造将重箱由广峰代理的仓库提到场地工厂后，应在免费期内（2011 年 6 月 20 日前）及时掏箱，以免产生滞箱费。

货物提清后，从场站取回设备交接单，证明箱体无残损，去船公司或船代公司取回押箱费。

相关链接

货物进口运输操作注意事项

1. 进口货物的提取

在提货交付前，要仔细对照提单所列物品，检查进口货物包装表面上标志是否有误，如品名、规格、数量、重量、货号、发货地点、收货单位等，以防提货人员因不识外文而发生货物错误、漏提事故。在提到货物时，应特别注意检查核对货物真实性和是否被损坏，当发现提取的贸物有包装破损、水渍等情况时，应主动要求仓库货管人员出具运输事故记录报告或包装破损情况记录，为日后在运输保险索赔时提供有力的证据。

2. 进口货物的提货交付

提货时应注意正本提货单、发票、装箱单上的货物名称、重量、包装、尺寸、规格是否互相符合，若有差异，港口不予放货。切记在正本提货单上要加盖收货单位公章（即外贸代理公司），同时交纳仓储杂费、海关监管手续费、检验检疫费等有关费用。

3. 索赔注意事项

根据国际进出口商品贸易惯例，索赔期一般为 3 个月，品质保证期一般为 1 年。通关后的医疗仪器设备，在没运达具体安装地前，要在通关地请商检局有关部门进行初检，主要对其数量、规格、残损 3 种情况进行初检，如发现残损、漏发、规格有误等问题，可在 3 个月的索赔期内提出退货、赔款等多项合理要求。如索赔期已近，来不及完成检验出证，需及时向国外延长索赔期。初检合格后，可以排除仓储、运输保险责任。在医疗仪器设备运达具体安装地安装后，要进行品质检验、通电试运行等。签订合同时要明确提出商品品质保证的要求及期限并写入合同，在品质保证期 1 年内（从到岸日期算起，有的是以验收合格日期算起），如出现品质问题，无操作失误等人为因素，可先免费维修，直至退货。但要注意如没有充分索赔理由，品质保证期的索赔比索赔期的索赔工作难度更大，处理程序更复杂。

任务二　整箱货进口报检操作

学习目标

通过本单元的学习，能够顺利完成集装箱整箱货进口报检操作流程。

技能要点

1. 掌握识读和制作进口货物报检单的方法
2. 熟悉货物进口报检流程

操作任务

任务名称：整箱货进口报检操作

任务背景：

上海工具进出口贸易公司从日本塔卡玛贸易公司进口一批工具，并委托上海国际货运代理公司进行报检。

1. 买方：

上海工具进出口贸易公司（上海/中国）

SHANGHAI TOOL IMPORT & EXPORT TRADE CORPORATION

TEL：022 – 56082266 / FAX：022 – 56082265

2. 卖方：

塔卡玛贸易公司（大阪/日本）

TAKAMER TRADE CORPORATION

TEL：028 – 548 – 742 / FAX：028 – 548 – 743

3. 货物名称及规格：手工工具/ HAND TOOLS，20 箱/ PACKED IN 20 CARTONS
4. 货物数量：1 000 套
5. 货物总值：USD 10 000. 00
6. 合同日期：2011 年 8 月 10 日
7. 合同号：TX2000523
8. 运输方式：集装箱海运
9. 报检单位登记号：7712152478
10. H. S. 编码：82041100
11. 货物存放地点：上海港
12. 索赔时效：1 年
13. 运输工具及名称：XINFEN V. 684，COSU1140213
14. 集装箱数量及规格：1 ×20′
15. 包装：G. W. 18 kg/CTN
16. 提单号：COCO 058899

17. 许可证／审批号：2010122430

操作准备

1. 针对本任务，操作准备工作内容如下：

项目		准备内容
布置环境	硬件	计算机
	主要涉及角色	发货人、收货人、货运代理人、检验检疫中心
	其他工具	纸、笔
	涉及单据	海运托运单、提单、提货单、入境货物报检单
制订计划	步骤一	报检委托
	步骤二	填写入境货物报检单
	步骤三	交单
	步骤四	入境货物报检
	步骤五	通关
	步骤六	实施检验检疫
	步骤七	完成检验检疫

2. 入境货物报检单

中华人民共和国出入境检验检疫
入境货物报检单

报检单位（加盖公章）：　　　　　　　　　　　　　　　　　＊编号

报检单位登记号：　　　联系人：　　　电话：　　　　　　报检日期：

收货人	（中文）		企业性质（画“√”）	□合资□合作□外资
	（外文）			
发货人	（中文）			
	（外文）			

货物名称（中/外文）	H. S. 编码	原产国（地区）	数/重量	货物总值	包装种类及数量

续表

<table>
<tr><td>运输工具名称及号码</td><td colspan="3"></td><td>合同号</td><td></td></tr>
<tr><td>贸易方式</td><td></td><td>贸易国别（地区）</td><td></td><td>提单/运单号</td><td></td></tr>
<tr><td>到货日期</td><td></td><td>起运国家（地区）</td><td></td><td>许可证/审批号</td><td></td></tr>
<tr><td>卸毕日期</td><td></td><td>起运口岸</td><td></td><td>入境口岸</td><td></td></tr>
<tr><td>索赔有效期至</td><td></td><td>经停口岸</td><td></td><td>目的地</td><td></td></tr>
<tr><td colspan="2">集装箱规格、数量及号码</td><td colspan="4"></td></tr>
<tr><td colspan="2" rowspan="2">合同订立的特殊条款
以及其他要求</td><td rowspan="2"></td><td>货物存放地点</td><td colspan="2"></td></tr>
<tr><td>用　　途</td><td colspan="2"></td></tr>
<tr><td colspan="2">请附单据（画“√”或填补）</td><td>标记及号码</td><td colspan="2">＊外商投资财产（画“√”）</td><td>□是□否</td></tr>
<tr><td rowspan="4">□合同
□发票
□提/运单
□兽医卫生证书
□植物检疫证书
□动物检疫证书
□卫生证书
□原产地证
□许可/审批文件</td><td rowspan="4">□到货通知
□装箱单
□质保书
□理货清单
□磅码单
□验收报告
□包装声明
□
□</td><td rowspan="4"></td><td colspan="3">＊检验检疫费</td></tr>
<tr><td colspan="2">总金额
（人民币元）</td><td></td></tr>
<tr><td colspan="2">计费人</td><td></td></tr>
<tr><td colspan="2">收费人</td><td></td></tr>
<tr><td colspan="3" rowspan="3">报检人郑重声明：
1. 本人被授权报检。
2. 以上填写内容正确、属实。
签名：________</td><td colspan="3">领取证单</td></tr>
<tr><td>日期</td><td colspan="2"></td></tr>
<tr><td>签名</td><td colspan="2"></td></tr>
<tr><td colspan="6">注：有“＊”号栏由出入境检验检疫机关填写　　◆国家出入境检验检疫局制
［1－1（2010. 1. 1）］</td></tr>
</table>

操作步骤

步骤一　报检委托

上海国际货运代理公司接受上海工具进出口贸易公司的委托，将完成本批货物的入境报检操作。

报检委托书

上海　出入境检验检疫局：

本委托郑重声明，保证遵守出入境检验检疫法律法规的规定。如有违法行为，自愿接受检验检疫机构的处罚并负法律责任。

本委托人委托受托人向检验检疫机构提交报检申请单和各种随附单据。具体委托情况如下：

本公司将于 2011 年 9 月间 进口 /出口如下货物：

品名	手工工具/HAND TOOLS	H. S. 编码	82041100
数量	1 000 套	合同号	TX2000523
信用证号		审批文件	
其他特殊要求	无		

特委托 上海国际货运代理公司 （单位/注册登记号），代表本公司办理下列出入境检验检疫事宜：

☑1. 办理代理报检手续；

☑2. 代缴检验检疫费；

☑3. 负责与检验检疫机构联系和验货；

☑4. 领取检验检疫证单；

☑5. 其他与报检有关的相关事宜。

请贵局按相关法律法规规定予以办理。

委托人（公章）	受委托人（公章）
上海工具进出口贸易公司	上海国际货运代理公司
2011 年08 月 13 日	2011 年 08 月 13 日

本委托书有效期至 2011 年10 月13 日

上海国际货运代理公司在收到入境报检委托书的同时也将收到上海工具进出口贸易公司随附的发票、装箱单、提单、许可证/审批文件、包装声明等单据。

步骤二　填写入境货物报检单

上海国际货运代理公司根据上海工具进出口贸易公司提供的单据，填制本批货物的入境货物报检单。

中华人民共和国出入境检验检疫
入境货物报检单

报检单位（加盖公章）：　上海国际货运代理公司　　　　　　　　　　　＊编号

报检单位登记号：12500003541　　联系人：霍代依　　电话：136××××××××　　报检日期：2011. 9. 10

收货人	（中文）	上海工具进出口贸易公司		企业性质（画“√”）		□合资□合作□外资
	（外文）	SHANGHAI TOOL IMPORT & EXPORT TRADE CORPORATION				
发货人	（中文）	日本塔卡玛贸易公司				
	（外文）	TAKAMER TRADE CORPORATION				

货物名称（中/外文）	H. S. 编码	原产国（地区）	数/重量	货物总值	包装种类及数量
手工工具/HAND TOOLS	82041100	日本	1 000 套/360 KGS	USD 10 000. 00	纸箱/20 箱
运输工具名称及号码	船舶 XINFEN V. 684，COSU1140213			合同号	TX2000523
贸易方式	一般贸易	贸易国别（地区）	日本	提单/运单号	COCO058899
到货日期	2011. 9. 9	起运国家（地区）	日本	许可证/审批号	2010122430
卸毕日期	2011. 9. 9	起运口岸	大阪	入境口岸	上海
索赔有效期至	2012. 8. 8	经停口岸	/	目的地	上海
集装箱规格、数量及号码		海运集装箱 1×20′			

合同订立的特殊条款以及其他要求	/	货物存放地点	上海港
		用　　途	自营自销

请附单据（画“√”或填补）		标记及号码	＊外商投资财产（画“√”）	□是□否
☑合同	□到货通知	N/M	＊检验检疫费	
☑发票	☑装箱单			
☑提/运单	□质保书		总金额（人民币元）	
□兽医卫生证书	□理货清单			
□植物检疫证书	□磅码单			
□动物检疫证书	□验收报告		计费人	
□卫生证书	☑包装声明			
□原产地证	□		收费人	
☑许可/审批文件	□			

续表

<table>
<tr><td rowspan="2">报检人郑重声明：
1. 本人被授权报检。
2. 以上填写内容正确、属实。
签名：霍代依</td><td colspan="2">领取证单</td></tr>
<tr><td>日期
签名</td><td>2011.9.10
霍代依</td></tr>
<tr><td colspan="3">注：有“*”号栏由出入境检验检疫机关填写　　◆国家出入境检验检疫局制
［1-1（2010.1.1）］</td></tr>
</table>

步骤三　交单

上海国际货运代理公司完成了入境货物报检单的填制之后，一并将收到的全套单据交与上海出入境检验检疫局，完成货物的报检操作。报检所需单据包括：

1. 报检委托书：一份正本，加盖委托人的公章。

2. 其他单据复印件：合同、发票、提单、装箱单、许可证/审批文件。

3. 发货方（日本塔卡玛贸易公司）提供的包装声明正本。

4. 入境货物报检单一份，并准备填写本批货物入境报检的相关信息。

步骤四　入境货物报检

上海市出入境检验检疫局在收到上海国际货运代理公司的报检申请之后，由商检机构办理检验检疫登记，出具入境货物通关单。

中华人民共和国出入境检验检疫

入境货物通关单

编号：120600107009216

<table>
<tr><td colspan="2">1. 收货人
上海工具进出口贸易公司</td><td rowspan="3">5. 标记及号码
N/M</td></tr>
<tr><td colspan="2">2. 发货人
日本塔卡玛贸易公司</td></tr>
<tr><td>3. 合同/提（运）单号
TX2000523</td><td>4. 输出国家或地区
日本</td></tr>
<tr><td>6. 运输工具名称及号码
XINFEN V.684，COSU1140213</td><td>7. 目的地
上海</td><td>8. 集装箱规格及数量
1×20′</td></tr>
</table>

续表

9. 货物名称及规格	10. H.S. 编码	11. 申报总值	12. 数/重量、包装数量及种类
手工工具/HAND TOOLS，20箱/PACKED IN 20 CARTONS （以下空白）	82041100 （以下空白）	USD 10 000.00 （以下空白）	1 000 套、360 KGS、20 CARTONS （以下空白）
13. 证明 上述货物业已报检/申报，请海关予以放行 签字：寇安依　　日期：2011.9.15 检验检疫专用章			
14. 备注 **********			

B 6353415　　① 货物通关　　[2-1-2（2010.1.1）*1]

在领取入境货物通关单后，上海国际货运代理公司的报检人员与当地出入境检验检疫局约定实施检验检疫的地点为口岸堆场，时间为 9 月 20 日 12：00。

步骤五　通关

上海国际货运代理公司的报关人员对本批货物进行报关，并完成货物通关。

步骤六　实施检验检疫

在货物通关后出口岸局对货物进行必要的卫生处理（并非实施检验检疫）。

步骤七　完成检验检疫

在完成本批货物的实地检验检疫后，上海市出入境检验检疫局将会对本批进口货物出具入境货物检验检疫证明。

中华人民共和国出入境检验检疫

入境货物检验检疫证明

编号 440110109019965

收货人	上海工具进出口贸易公司		
发货人	日本塔卡玛贸易公司		
品名	手工工具	报检数/重量	1 000 套/ 360 KGS
包装种类及数量	20 箱	输出国家或地区	日本
合同号	TX2000523	标记及唛头 N/M	
提/运单号	COSCO058899		
入境口岸	上海		
入境日期	2011. 9. 10		

说明：

上述货物业经检验检疫，准予销售/使用。

检验检疫专用章

签字：简依依　　日期：2011. 9. 23

备注：

****

B 1758472　　① 货主收执　　[5－1（2010. 1. 1）·1]

相关链接

商检的流程

进口商检实行“先放行通关，后检验检疫”原则。

首先判定是否是法检（法定检验）的货物（即看报关单是否有 A）。若不是，报关的时候不需要出入境通关单，就是说该货物不是法检（法定检验）货物；若是，那么需要先提供书面材料到商检局去做商检，商检人员对所提供的书面材料进行审核，根据书面材料的货物描述，来判定是否需要对货物进行场地查验。场地查验的项目通常为动植检疫、商品检验、卫生检疫等，即三检（也有人叫动卫检）。并出具入境通关单，凭此通关单向海关报关。

如果商检人员对货物开出“场地商检”，那么在海关放行之后，还需要将货物托运到商检局指定的场地做场地商检，即三检（动卫检）。之后货物才被允许运到目的地。出口商检与进口商检大同小异，看报关单的监管条件是否有B。

第3节　件杂货运输操作

任务一　件杂货出口运输操作

学习目标

通过本单元的学习，能够顺利完成件杂货出口运输操作。

技能要点

1. 熟悉审核并确认客户海运托运单信息完整的要点
2. 熟悉网上订舱的方法
3. 掌握制作海运托运单的方法
4. 掌握制作件杂货提单的方法
5. 熟悉件杂货出口单证流转程序
6. 掌握识读和制作出口货物报关单的方法
7. 熟悉货物出口报关流程
8. 掌握识读和制作出口货物报检单的方法
9. 熟悉货物出口报检流程

操作任务

任务名称：件杂货出口运输操作

任务背景：

2011 年 1 月 15 日，上海器械制造有限公司（以下简称“上海制造”）与西非安哥拉卢建材厂（以下简称“西非建材”）签订了一份出口水泥搅拌机的销售合同，以信用证结算，目的港为罗安达港（LUANDA）。2011 年 3 月 15 日，上海制造委托上海崇斌货运代理有限公司（以下简称“崇斌货运”）代理出口这批水泥搅拌机。根据大型设备的特性，采用的运输方式为租船运输，货物可以叠放，接受放甲板。于是崇斌货运向船东或船代申请租船出口，以完成该批货物的运输。

有关补充资料如下：

出口商品：水泥搅拌机

商品数量/总重：80 件，1 030 m^3，626.40 t

转运港：上海港（PORT OF SHANGHAI）

目的港：罗安达港（PORT OF LUANDA）

上海器械制造有限公司：SHANGHAI EQUIPMENT MANUFACTURING CO.，LTD

西非安哥拉卢建材厂：WEST AFRICAN ANGOLA LOU BUILDING MATERIALS FACTORY

上海崇斌货运代理有限公司：SHANGHAI CHONGBIN FREIGHT REPRESENTATIVE COMPANY

操作准备

1. 针对本任务，操作准备工作内容如下：

项目	准备内容	
布置环境	硬件	计算机
	主要涉及角色	发货人、收货人、货运代理人、船公司
	其他工具	纸、笔
	涉及单据	FIXTURE NOTE、托运单、装货单、提单
制订计划	步骤一	货主填写 FIXTURE NOTE
	步骤二	货代接受委托，审核单据，签订运输合同，并填写托运单
	步骤三	货代审核托运单，并传真至船公司申请租船
	步骤四	报检
	步骤五	报关放行

续表

项目	准备内容	
制订计划	步骤六	申请实现车船直取
	步骤七	结算港杂费用
	步骤八	准备装船
	步骤九	签发提单

2. 装货单

ABC 船舶代理（上海）有限公司

ABC Shipping Agency（Shanghai）LTD

装 货 单

S/O NO.

SHIPPING ORDER

船名：　　　　航次：　　　　目的港：

Vessel Name：　　　　Voy：　　　　For：

托运人：

Shipper：

收货人：

Consignee：

通　知：

Notify：

兹将下列完好状况之货物装船后希签署收货单：

标记及号码 Marks & Nos.	件数 Quantity	货　名 Description of Goods	毛重 Gross Weight	尺　码 Measurement

共计件数（大写）：

Total Number of Packages in Writing：

日期：　　　　时间：

续表

Date： Time：
装入何舱：*DECK*
Stowed：
实　收：
Received：
理货员签名：
Tallied by：

操作步骤

步骤一　货主填写 FIXTURE NOTE

上海制造在进行货物运输委托前，首先填写 FIXTURE NOTE 给崇斌货运，对将要出运的货物特性和运输要求进行描述，保证运输准备充分。

FIXTURE NOTE

CONTRACT NO.：NT20110401SHIP

DATE：　15TH，MAR，2011

OWNERS：　T& B SHIPPING COMPANY LIMITED

CHARTERER：　SHANGHAI EQUIPMENT MANUFACTURING CO.，LTD

PERFORMING VSL：－Ship name：DONG FANG

Flag：SHANGHAI

Port of registry：SHANGHAI

Date of completion：1994/07/29

Classification society：DNV

International tonnage Cert. gross ton：　26 818　　net ton：　13 890

Panama canal tonnage Cert. gross ton：　28 394.65　　net ton：21 874.60

Suez canal tonnage Cert. gross ton：　27 958.41　　net ton：24 153.93

		a draft（M）	freeboard（MM）	deadweight（MT）	displacement（MT）
Lightship	：	2.108			8 572.00
Summer draft	：	11.221	5 418	43 980.00	52 552.00
Winter	：	10.988	5 651	42 780.00	51 352.00
Tropical	：	11.454	5 185	45 184.00	53 756.00
Fresh water	：	11.476	5 163	43 984.00	52 556.00

FW tropical : 11.709 4 930 45 161.00 53 733.00

Length between perpendicular (M): 181.00 Length over all (M): 190.00

Number of hold/hatch: 5/5

ADA

+ +

1. PART CGO: 40 000MT CEMENT MIXER (2MT PER UNIT), 10% MOLOP.

2. L/PORT: 1SBP SHANGHAI, CHINA (OWRS BERTH)

3. D/PORT: 1SBP LUANDA, ANGOLA (OWRS BERTH)

4. LAYCAN: 1TH—5TH APRIL, 2011

5. L/D RATE CQD BENDS

6. FREIGHT RATE: USD40.00 PER METRIC TON, FIOS L/S/D, BASIS ON 1/1

7. PAYMENT TERMS: FULL FREIGHT TBP IN USD TO OWNER'S NOMINATED BANK ACCT WITHIN 3 (THREE) BANKING DAYS ACOL BUT ALWAYS BEFORE SIGNING/RELEASING OB/L (S). FRT IS DEEMED AS EARNED UPON CARGO LOADED ON BOARD, DISCOUNTLESS UNDEDUCTABLE/NON - RETURNABLE WHETHER VSL/CGO LOST OR NOT LOST.

8. L/S/D IF ANY TO BE FOR CHRT'S ACCT, SECURITY MANUAL APPLIED. ALL DUNNAGE MUST BE FUMIGATED BEFORE ON BOARD AND CHRT SHOULD SUBMIT RELEVANT CERTIFICATES TO MASTER BEFORE LOADING. CHRT/RECEIVER ARE RESPONSIBLE FOR REMOVAL DUNNAGE AT D/P.

9. ALL CGO SHOULD BE PACKED IN SEAWORTHY CONDITIONS AND STACKABLE.

10. OWNERS AGENTS BENDS.

11. ANY TAXES/DUES/WHARFAGES ON CGO TBF THE CHRTS ACCT, THE SAME ON VSL/FRT TO BE FOR OWS ACCT.

12. DETENTION: USD14 000 PRPD IN CASE CGO/DOC NOT READY UPON VSL ARRIVAL BENDS.

13. SHIPSIDE TALLY TO BE FOR OWS ACCT AND SHORESIDE TALLY CHTRS ACCT.

14. AT LOADING PORT SHIP OWNER'S P&I CLUB SURVEYOR WILL SURVEY CARGO. MASTER/VSL AS THE RIGHT TO REJECT RUSTY/DAMAGE/LOOSE BUNDLE ETC AND TO BE REPLACED BY CHTR/SHPR WITH CLEAN CGOS.

15. SHORE CRANE IF ANY TBF CHTRS ACCT BENDS.

16. CGO QUANTITY ON B/L SHOULD BE AS CERTAINED BY CHARTERER'S FIGURE, BUT OWNER ARE NOT RESPONSIBLE FOR FINAL CGO QUANTITY UNLESS IF CAUSED BE SHIP'S DEFECT, ALSO OWNER NO RESPONSIBLE FOR CGO QUALITY.

17. THE CHTRS WARRANT THAT ANY CARGO, PACKAGE, STORES AND MATERIALS SUPPLIED BY THE CARGO INTERESTS AND/OR THEMSELVES SHOULD NOT CONTAIN, CARRY WITH, ADHERE TO ANY ASBESTOS/BARK/STRAW OR ASBESTOS PRODUCTS, AND THE CHARTERERS SHOULD BE LIABLE FOR THE OWNER'S LIABILITIES, LOSSES, COSTS AND EXPENSES WHATSOEVER DIRECTLY OR INDIRECTLY ARISING FROM OR IN CONNECTION WITH ANY ASBESTOS/BARK/STRAW.

18. OVERTIME IF ANY, BOTH AT LOADING AND DISCHARGING PORT TO BE FOR THE ACCOUNT OF THE PARTY ORDERING SAME. IF ORDERED BY PORT AUTHORITIES OR PARTY CONTROLLING THE LOADING AND/OR DIS-

CHARGING TERMINAL/FACILITIES COST TO BE FOR CHARTERERS ACCOUNT. SHIFTING ORDERED BY PORT AUTHORITY TO BE FOR CHARTERERS ACCOUNT AND TIME FOR SHIFTING TO COUNTED AS LAYTIME.

19. GA/ARBITRATION IF ANY IN BEIJING AND CHINESE LAW TO APPLY.

20. OTHERS AS PER GENCON C/P' 94 DETAILS.

21. GENERAL AVERAGE TB SETTELED AS PER YORK – ANTWERP RULES 1994.

22. COMM：2.5%.

23. THIS FIXTURE NOTE COMES EFFECTIVE IMMEDIATELY AFTER SIGNED BY BOTH PARTIES.

VIA FAX

** END ************************************

FOR N ON BEHALF OF CHARTERERS　　　　FOR N ON BEHALF OF OWNERS

步骤二　货代接受委托，审核单据，签订运输合同，并填写托运单

崇斌货运在收到货主上海制造的委托之后，具体审核 FIXTURE NOTE 上各项条款，并签订运输合同，就双方的权利和义务进行约束。

崇斌货运根据 FIXTURE NOTE 上的描写，填写托运单给船东或船代办理货物运输的书面凭证。托运单如下所示：

ABC 船舶代理（上海）有限公司

ABC Shipping Agency（Shanghai）LTD

托运单

S/O NO. XGGLBT009

BOOKING NOTE

船名：　DONGFANG　　　航次：E043　　　目的港：LUANDA
Vessel Name：　　　　　Voy：　　　　　For：

托运人：SHANGHAI EQUIPMENT MANUFACTURING CO.，LTD
Shipper：

收货人：WEST AFRICAN ANGOLA LOU BUILDING MATERIALS FACTORY
Consignee：

通　知：DE FU
Notify：

兹将下列完好状况之货物装船后希签署收货单：

标记及号码 Marks & Nos.	件数 Quantity	货名 Description of Goods	毛重量 Gross Weight	尺 码 Measurement
N/M	80P	水泥搅拌机 CEMENT MIXER	626. 40 T	1 030 CBM

共计件数（大写）：

Total Number of Packages in Writing：

日期：　　　　时间：

Date：　　　　Time：

装入何舱：*DECK*

Stowed：

实　收：

Received：

理货员签名：

Tallied by：

步骤三　货代审核托运单，并传真至船公司申请租船

崇斌货运根据上海制造的FIXTURE NOTE 填写完托运单之后，仔细审核了单据，重点审核内容包括：

1. 运输方式：租船运输
2. 发运港和卸货港：上海港（PORT OF SHANGHAI）、罗安达港（PORT OF LUANDA）
3. 货物的品名和数量：水泥搅拌机 CEMENT MIXER，80 件，1 030 m^3，626. 40 t
4. 装率和卸率：按港口习惯装卸速度装货
5. 装港和卸港的吃水线：＊＊＊＊＊
6. 预计运输的时间：1TH— 5TH APRIL，2011
7. 客户单位名称、联系人、电话、电传、电子邮件、传真等。

托运单审核完成后传真给船公司，向船代或船公司申请租船，船代或船公司会根据运输货物的特性和目的地进行选择，分配最适航的船准备运输。

递交了托运单即表示此票货物的租船过程完成。

步骤四　报检

1. 报检申请

当船公司租船确认之后，上海制造需填制报检委托书给崇斌货运代理，并附全套单据委托其报检。

报检委托书

上海 出入境检验检疫局：

本委托郑重声明，保证遵守出入境检验检疫法律法规的规定。如有违法行为，自愿接受检验检疫机构的处罚并负法律责任。

本委托人委托受托人向检验检疫机构提交报检申请单和各种随附单据。具体委托情况如下：

本公司将于2011年4月间 进口 /出口如下货物：

品名	水泥搅拌机 CEMENT MIXER	H. S. 编码	84743200
数量/重量	626.40 T	合同号	RT05342
信用证号	＊＊＊＊＊＊	审批文件	
其他特殊要求	无		

特委托 上海崇斌货运代理有限公司 （单位/注册登记号），代表本公司办理下列出入境检验检疫事宜：

☑1. 办理代理报检手续；

☑2. 代缴检验检疫费；

☑3. 负责与检验检疫机构联系和验货；

☑4. 领取检验检疫证单；

☑5. 其他与报检有关的相关事宜。

请贵局按相关法律法规规定予以办理。

委托人（公章）　　　　受委托人（公章）

上海器械制造有限公司　　　　上海崇斌货运代理有限公司

2011年03月20日　　　　2011年03月20日

本委托书有效期至 2011年09月20日

2. 填制出境货物报检单

崇斌货运在接到报检委托之后，依据上海制造提交的全套单据和报检委托书，开始填制出境货物报检单。

中华人民共和国出入境检验检疫
出境货物报检单

报检单位（加盖公章）：上海崇斌货运代理有限公司　　　　＊编　号：

报检单位登记号：1486987661　联系人：霍代参　电话：136××××××××　报检日期：2011年3月20日

发货人	（中文）	上海崇斌货运代理有限公司
	（外文）	SHANGHAI CHONGBIN FREIGHT REPRESENTATIVE COMPANY

续表

<table>
<tr><td rowspan="2">收货人</td><td>（中文）</td><td colspan="6">西非安哥拉卢建材厂</td></tr>
<tr><td>（外文）</td><td colspan="6">WEST AFRICAN ANGOLA LOU BUILDING MATERIALS FACTORY</td></tr>
<tr><td colspan="2">货物名称（中/外文）</td><td>H. S. 编码</td><td>产地</td><td>数/重量</td><td>货物总值</td><td colspan="2">包装种类及数量</td></tr>
<tr><td colspan="2">水泥搅拌机
CEMENT MIXER</td><td>84743200</td><td>上海</td><td>626.40 T</td><td>USD 36 300.00</td><td colspan="2">80 件</td></tr>
<tr><td colspan="2">运输工具名称号码</td><td>DONGFANG V. E043</td><td>贸易方式</td><td>一般贸易</td><td>货物存放地点</td><td colspan="2">上海市逸仙路600号</td></tr>
<tr><td colspan="2">合同号</td><td>RT05342</td><td>信用证号</td><td>8000804</td><td>用途</td><td colspan="2">销售</td></tr>
<tr><td colspan="2">发货日期</td><td>2011.04.05</td><td>输往国家（地区）</td><td>西非</td><td>许可证/审批号</td><td colspan="2">2011052433</td></tr>
<tr><td colspan="2">起运口岸</td><td>上海</td><td>到达口岸</td><td>罗安达</td><td>生产单位注册号</td><td colspan="2">8855996644</td></tr>
<tr><td colspan="2">集装箱规格、数量及号码</td><td colspan="6">* * * *</td></tr>
<tr><td colspan="3">合同、信用证订立的检验检疫条款或特殊要求</td><td colspan="2">标记及号码</td><td colspan="3">随附单据（画“√”或补填）</td></tr>
<tr><td colspan="3"></td><td colspan="2">N/M</td><td colspan="2">☑合同
☑信用证
☑发票
□换证凭单
☑装箱单
□厂检单</td><td>□包装性能结果单
☑许可/审批文件
□
□
□
□</td></tr>
<tr><td colspan="5">需要证单名称（画“√”或补填）</td><td colspan="3">*检验检疫费</td></tr>
<tr><td colspan="3">□品质证书 ____正____副
□重量证书 ____正____副
□数量证书 ____正____副
□兽医卫生证书 ____正____副
□健康证书 ____正____副
□卫生证书 ____正____副
□动物卫生证书 ____正____副</td><td colspan="2">□植物检疫证书 ____正____副
□熏蒸/消毒证书 ____正____副
□出境货物换证凭单 ____正____副
□
□
□
□</td><td colspan="3">总金额（人民币元）：
计费人：
收费人： </td></tr>
<tr><td colspan="4">报检人郑重声明：
1. 本人被授权报检。
2. 上列填写内容正确、属实，货物无伪造或冒用他人的厂名、标志、认证标志，并承担货物质量责任。
签名：霍代参</td><td colspan="4">领取证单
日期：
签名： </td></tr>
</table>

注：有“*”号栏由出入境检验检疫机关填写

◆国家出入境检验检疫局制

[1-2（2010.1.1）]

3. 缴纳费用

崇斌货运持全套报检单据和出境货物报检单到检验检疫局报检，检验检疫局接受之后收取一定的商检费用，一般为200元/笔。

4. 出境通关单

检验检疫局接受申请之后，因为水泥搅拌机无监管条件，所以不需要进行商检。检验检疫局签发出境货物通关单，这批水泥搅拌机即可申请通关。

中华人民共和国出入境检验检疫
出境货物通关单

<table>
<tr><td colspan="3">1. 发货人：上海器械制造有限公司</td><td rowspan="3">5. 标记及号码
N/M</td></tr>
<tr><td colspan="3">2. 收货人：西非安哥拉卢建材厂</td></tr>
<tr><td colspan="2">3. 合同/信用证：
RT05342/8000804</td><td>4. 输往国家或地区：
西非</td></tr>
<tr><td colspan="2">6. 运输工具名称及号码：
DONGFANG V. E043</td><td>7. 发货日期：
2011. 4. 5</td><td>8. 集装箱规格和数量：
* * *</td></tr>
<tr><td>9. 货物名称及规格：
水泥搅拌机</td><td>10. H. S. 编码：
84743200</td><td>11. 申报总值：
USD 36 300. 00</td><td>12. 数/重量、包装数量及种类：
626. 40 T　80P</td></tr>
<tr><td colspan="4">13. 证明：
上述货物业经检验检疫，请海关予以放行。
本通关单有效期至　二零一二年三月二日
签字：　简依参　　　日期：2011 年 3 月 20 日
检验检疫专用章</td></tr>
<tr><td colspan="4">14. 备注
****************</td></tr>
</table>

崇斌货运持出境货物通关单即可申请报关，开始通关操作。

步骤五　报关放行

1. 申报

崇斌货运获得出境货物通关单之后，根据上海制造提供的全套单据，登录海关电子口岸，填制报关单草单。

中华人民共和国海关出口货物报关单

预录入编号		海关编号	

出口口岸	备案号	出口日期	申报日期
(2210) 浦东海关		(20110405)	

经营单位	运输方式	运输工具名称	提运单号
1203911299 上海器械制造有限公司	江海运输	DONGFANG V. E043	XGGLBT009

发货单位	贸易方式	征免性质	结汇方式
1203911299 上海器械制造有限公司	一般贸易 (0110)	一般征税 (101)	信用证

许可证号	运抵国（地区）	指运港	境内货源地
774277021	西非	罗安达港	上海其他

批准文号	成交方式	运费	保费	杂费
	FOB			

合同协议号	件数	包装种类	毛重（kg）	净重（kg）
RT05342	80		626 400	626 400

集装箱号	随附单据	生产厂家
(不填)		

标记唛码及备注
备注： 随附单证号：

项号	商品编号	商品名称、规格型号	数量及单位	最终目的国（地区）	单价	总价	币制	征免
1	68109990	水泥搅拌机 Cement mixer	80 件	西非		36 300.00	美元	照章

税费征收情况

录入员	录入单位	兹声明以上申报无讹并承担法律责任	海关审单批注及放行日期（签章）	
			审单	审价
报关员		申报单位（签章）		
			征税	统计
单位地址				
			查验	放行
邮编		电话	填制日期	

2. 海关受理

报关员登录海关系统，查看结果。海关受理之后，报关员持报关委托书、报关单、合同、发票、重量单、出境货物通关单、保单、信用证复印件至海关进行报关。在此时可以知道本批货物是否需要实地查验。

3. 查验

海关根据报关员申报内容，对将要出运的这批货物进行实地查验，以确认与报关单申报内容一致无误。

4. 放行

海关查验无误，准备放行之后，便在 SHIPPING ORDER 上加盖放行章。这批水泥搅拌机即可开始装船。

海关放行之后，崇斌货运即可按照 SHIPPING ORDER 安排装船。

步骤六　申请实现车船直取

崇斌货运已经提前向船公司申请车船直取。2011 年 4 月 2 日，上海制造带一张空白支票和公章到船舶即将停泊的港口货运处办理申请。

步骤七　结算港杂费用

上海制造带发货条三联，每一联都加盖公章和装箱明细两份并押空头支票，以结算 FILO 等港杂费用。杂货码头收到空白支票后开收据，并在发货条第一联上加盖船放章。卸货加盖港卸章并退还上海器械第一联。

发货条一般是每个公司自己制作的，不受特殊格式的约束，一般包括的内容有船名、航次、提单号、品名、件重尺（尺码没有的可以不填）。

发货条一般有三联，分别是：一联用于仓库出库留底，一联用于计费结算，一联自己留存。

步骤八　准备装船

2011 年 4 月 3 日，上海制造收到上海港集公司的集港通知（最好是主动打电话询问船停靠的具体位置，然后通知车队完成集港）。在装船前 1 ~ 2 天，崇斌货运给调度打电话，问船停几段，然后通知车队准备装船，车队凭报关后的 SHIPPING ORDER 和加盖船代放行章的发货条给外理装船即可。

这样就完成了这批水泥搅拌机的装船过程，既保证了运输的顺利进行，同时也节约了装卸搬运成本。

步骤九　签发提单

货物装船后，船公司根据积载图和舱单签发提单给崇斌货运签发提单。

ABC 船舶代理（上海）有限公司

ABC Shipping Agency (Shanghai) LTD

装 货 单

S/O NO. XGGLBT009

SHIPPING ORDER

船名：DONGFANG　　航次：E043　　目的港：LUANDA

Vessel Name:　　Voy:　　For:

托运人：SHANGHAI EQUIPMENT MANUFACTURING CO.，LTD

Shipper:

收货人：WEST AFRICAN ANGOLA LOU BUILDING MATERIALS FACTORY

Consignee:

通　知：DE FU

Notify:

兹将下列完好状况之货物装船后希签署收货单：

标记及号码 Marks & Nos.	件数 Quantity	货　名 Description of Goods	毛重 Gross Weight	尺　码 Measurement
N/M	80P	水泥搅拌机 CEMENT MIXER	626. 40 T	1 030 CBM

共计件数（大写）：

Total Number of Packages in Writing:

日期：　　时间：

Date:　　Time:

船代加盖
签单章

装入何舱：*DECK*

Stowed:

实　收：

Received:

理货员签名：

Tallied by:

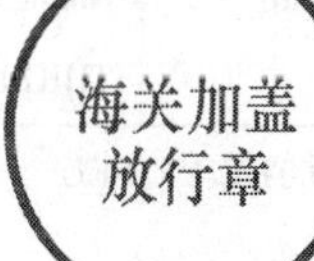

报 关
专用章

B/L NO. XGGLBT009

Shipper
SHANGHAI CHONGBIN FREIGHT REPRESENTATIVE COMPANY
20 HUAIHAI ROAD，XUHUI DISTRICT，SHANGHAI，CHINA
021－52217623

COCO Shipping Co.
Bill of Lading

Consignee
TO ORDER

Notify Party
WEST AFRICAN ANGOLA LOU BUILDING MATERIALS FACTORY
622，CHAMPS－ELYSEES STREET，WEST AFRICAN

Pre－carriage by	Place of receipt
Ocean Vessel Voy. No. DONGFANG V. E043	Port of Loading SHANGHAI
Port of Discharge LUANDA	Place of Delivery

Container No. Seal No. Marks & Nos.	No. of Containers or Pkgs	Kinds of Packages Description of Goods	Gross Weight	Measurement
N/M	80 PCS	CEMENT MIXER	626. 40 T	1 030 CBM

TOTAL NUMBER OF CONTAINER OR PACKAGES（IN WORDS）

Freight & Charge	PREPAID	Revenue Tons	Rate	Per	Prepaid	Collect
Ex. Rate.	Prepaid at	Payable at		Place and date of Issue APR 5，2011 SHANGHAI，CHINA		
	Total Prepaid	No. of Original B(S)/L THREE		Signed for the Carrier， ABC Shipping Co. as carrier		

LADEN ON BOARD THE VESSEL
DATE

（TERMS PLEASE FIND ON BACK OF ORIGINAL B/L）

相关链接

件杂货出口运输承运人责任起讫

根据中国《海商法》规定：在件杂货运输中，承运人的责任起讫期间为“船至船”，即承运人自货物装上船起至卸下船止承担货物灭失和毁损等责任；在集装箱运输中，承运人的责任起讫期间为“接与交”，即接受货物时起至交付货物时止。所以，自出口商在码头堆场将货物交付承运人起，承运人开始承担货物运输责任。

任务二 件杂货进口运输操作

学习目标

通过本单元的学习，能够顺利完成件杂货进口运输操作。

技能要点

1. 掌握制作件杂货提货单的方法
2. 熟悉件杂货进口单证流转程序
3. 掌握识读和制作进口货物报关单的方法
4. 熟悉货物进口报关流程
5. 掌握识读和制作进口货物报检单的方法
6. 熟悉货物进口报检流程

操作任务

任务名称：件杂货进口运输操作

任务背景：

2011 年 5 月 10 日，北京新城钢铁生产加工有限公司（以下简称“新城钢铁”）委托上海捷达国际货运集团（以下简称“捷达货运”）从印度孟买（BOMBAY）希尔玛市OTTO建筑公司进口一批卷钢。双方签订销售合同，约定装船日期为2011 年5 月24 日，交单截止日期为 2011 年 6 月 10 日。COCO 船代公司于 2011 年 5 月 25 日签发提单，并通知捷达货运领取提单。

因为捷达货运与 COCO 船代公司是长期合作客户，每月成交量比较大，所以其运费结算采用月结的形式。

补充资料：

进口商：新城钢铁生产加工有限公司（XINCHENG STEEL PRODUCTION AND PROCESSING CO.，LTD）

地址：北京市朝阳区朝阳北路五里桥一街（WULIQIAO A STREET，CHAOYANG NORTH ROAD，CHAOYANG DISTRICT，BEIJING）

出口商：印度孟买（BOMBAY）希尔玛市 OTTO 建筑公司（BOMBAY THALMA OTTO CONSTRUCTION COMPANY）

地址：印度孟买希尔玛市文一路 541 号（541 WENYI ROAD，THALMA，BOMBAY，INDIA）

货代：上海捷达国际货运集团（SHANGHAI JETTA INTERNATIONAL FREIGHT GROUP）

商品名称：卷钢（ROLLED）

商品型号：VS09876

商品数量：20 000 件

商品总重：626.40 t

装运港：上海港（SHANGHAI PORT）

目的港：孟买港（BOMBAY PORT）

成交价格：USD 75 PER PC CIF BOMBAY

提单号：COCO－PL123456

船名、航次：COCO ANGLE B65

Shipper BOMBAY THALMA OTTO CONSTRUCTION COMPANY 541 WENYI ROAD，THALMA，BOMBAY，INDIA	BILL OF LADING B/L No_ COCO－PL123456 COCO
Consignee TO ORDER	

续表

<table>
<tr><td colspan="2">Notify Party
SHANGHAI JETTA INTERNATIONAL FREIGHT GROUP</td><td colspan="2" rowspan="4">ORIGINAL</td></tr>
<tr><td>* Pre Carriage by</td><td>* Place of Receipt</td></tr>
<tr><td>Ocean Vessel Voy. No.
COCO ANGLE V. B65</td><td>Port of Loading
SHANGHAI CHINA</td></tr>
<tr><td>Port of Discharge
BOMBAY</td><td>* Final Destination</td></tr>
<tr><td>Marks and Numbers</td><td>Number and Kind of Packages; Description</td><td>Gross Weight</td><td>Measurement</td></tr>
<tr><td>N/M</td><td>ROLLED
20 000P</td><td>626. 40 T

FREIGHT PREPAID</td><td></td></tr>
<tr><td colspan="4">TOTAL PACKAGES (IN WORDS)　　SAY TWENTY THOUSAND PCS ONLY</td></tr>
<tr><td colspan="2" rowspan="2">Freight and Charges</td><td colspan="2">Place and Date of Issue
SHANGHAI</td></tr>
<tr><td colspan="2">Signed for the Carrier
As agent for the carrier, coco container lines</td></tr>
<tr><td colspan="4">* Applicable only when document used as a Through Bill of Loading</td></tr>
</table>

操作准备

1. 针对本任务，操作准备工作内容如下：

<table>
<tr><th>项目</th><th colspan="2">准备内容</th></tr>
<tr><td rowspan="5">布置环境</td><td>软件</td><td>海关电子口岸</td></tr>
<tr><td>硬件</td><td>计算机</td></tr>
<tr><td>主要涉及角色</td><td>发货人、收货人、货运代理人、船公司、海关、检验检疫局、报关行</td></tr>
<tr><td>其他工具</td><td>纸、笔</td></tr>
<tr><td>涉及单据</td><td>提单、提货单、入境货物通关单、进口货物报关单</td></tr>
<tr><td rowspan="6">制订计划</td><td>步骤一</td><td>接单，缮制卸船计划</td></tr>
<tr><td>步骤二</td><td>换提货单</td></tr>
<tr><td>步骤三</td><td>进口报检</td></tr>
<tr><td>步骤四</td><td>进口报关</td></tr>
<tr><td>步骤五</td><td>提货</td></tr>
<tr><td>步骤六</td><td>发货</td></tr>
</table>

2. 提货单

<table>
<tr><th colspan="5">提 货 单</th></tr>
<tr><td colspan="4">海关编号</td><td></td></tr>
<tr><td colspan="2">收货人：
TEL：
FAX：</td><td colspan="3">下列货物已办妥手续，运费结清，准予交付收货人</td></tr>
<tr><td>船名：</td><td>航次：</td><td colspan="2">起运港：</td><td>目的港：</td></tr>
<tr><td>提单号：</td><td>交付条款：</td><td colspan="3">第一程运输：</td></tr>
<tr><td>集装箱号：</td><td>箱数：</td><td colspan="2">换单日期：</td><td>卸货地点：</td></tr>
<tr><td>集装箱号、铅封号</td><td>货物名称</td><td>件数与包装</td><td>重量（kg）</td><td>体积</td></tr>
<tr><td></td><td></td><td></td><td></td><td></td></tr>
<tr><td></td><td></td><td></td><td></td><td></td></tr>
<tr><td></td><td></td><td></td><td></td><td></td></tr>
<tr><td></td><td></td><td></td><td></td><td></td></tr>
<tr><td>收货人章：</td><td>海关章：</td><td colspan="3"></td></tr>
<tr><td colspan="5">注意事项：</td></tr>
</table>

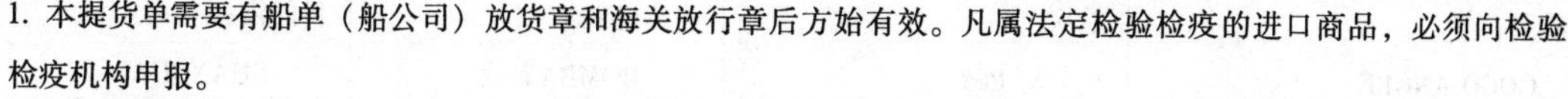

续表

1. 本提货单需要有船单（船公司）放货章和海关放行章后方始有效。凡属法定检验检疫的进口商品，必须向检验检疫机构申报。 2. 货物超过港存期，码头公司可以按有关规定处理。在规定期间无人提取的货物，按《海关法》和国家有关规定处理。

操作步骤

步骤一　接单，缮制卸船计划

捷达货运接到新城钢铁的委托之后，首先收到出口地货代寄来的全套单据，核对提货通知书，及时安排船停靠的泊位和装卸计划，针对这批卷钢编制卸船计划。

步骤二　换提货单

捷达货运接到出口地货代寄来的全套单据之后，便及时到船公司换取提货单。

在换单时，首先审核提单正本上标注的是“运费已付”。船公司在正本提单上就会加盖运费付讫章。

在运费付讫确定之后，捷达货运的提货车队到船代箱管科交押箱费。此时会换取设备交接单，同时也会在正本提单上加盖押箱章。首先凭提单复印件盖收货人章及车队章。车队向箱管部门交纳1万元的押箱费之后，即有10天的免费用箱期。在这段时间内要完成送货和还箱才能不交额外滞箱费。

交纳押箱费之后，在正本提单上就加盖有运费付讫章、押箱章两个签章。接着就要办理持单换单操作。本提单收货人栏目的抬头为“TO ORDER”。按照业务操作标准，需要发货人背书和一份正本提单或三份正本提单可以换取提货单。船代公司收到发货人背书的三份正本提单，审核确认盖有运费付讫章、押箱章后加盖船代放行章。于是捷达货运顺利换取到了提货单。提货单如下所示：

<table>
<tr><td colspan="3" align="center">提　货　单</td></tr>
<tr><td></td><td>海关编号</td><td>126009441</td></tr>
<tr><td>收货人：
XINCHENG STEEL PRODUCTION AND PROCESSING CO.，LTD
新城钢铁生产加工有限公司</td><td colspan="2" rowspan="2">下列货物已办妥手续，运费结清，准予交付收货人</td></tr>
<tr><td>TEL：010－79467658
FAX：010－79467658</td></tr>
</table>

续表

船名： COCO ANGLE	航次： V. B65	起运港： BOMBAY		目的港： SHANGHAI
提单号： COCO－PL123456	交付条款： CY－CY	第一程运输：		
集装箱号：	箱数：	换单日期： 2011. 6. 10		卸货地点： 上海港
集装箱号、铅封号	货物名称	件数与包装	重量	体积
	卷钢	20 000 件	626. 40 T	
收货人章：	海关章：			船代加盖 提货专用章
注意事项： 1. 本提货单需要有船单（船公司）放货章和海关放行章后方始有效。凡属法定检验检疫的进口商品，必须向检验检疫机构申报。 2. 货物超过港存期，码头公司可以按有关规定处理。在规定期间无人提取的货物，按《海关法》和国家有关规定处理。				

步骤三　进口报检

1. 报检委托

捷达货运接受新城钢铁的委托，将完成本批货物的入境报检操作。

捷达货运在收到入境报检委托书的同时也收到了随附的发票、装箱单、提单、许可证/审批文件、包装声明等单据。

2. 填写入境报检单

捷达货运根据新城钢铁提供的单据，填制本批货物的入境货物报检单。

中华人民共和国出入境检验检疫
入境货物报检单

报检单位（加盖公章）： 上海捷达货运代理公司　　　　　　　　＊编号

报检单位登记号： 12500003541　联系人： 霍代尔　电话： 136××××××××　报检日期： 2011.6.10

收货人	（中文）	新城钢铁生产加工有限公司	企业性质（画“√”）	□合资□合作□外资
	（外文）	XINCHENG STEEL PRODUCTION AND PROCESSING CO., LTD		
发货人	（中文）	印度孟买（BOMBAY）希尔玛市 OTTO 建筑公司		
	（外文）	BOMBAY THALMA OTTO CONSTRUCTION COMPANY		

货物名称（中/外文）	H. S. 编码	原产国（地区）	数/重量	货物总值	包装种类及数量
卷钢 （ROLLED）	72269920	印度孟买	20 000 件 626.40 T	USD 10 000.00	

运输工具名称及号码	船舶 COCO ANGLE V. B65			合同号	TX2000523
贸易方式	一般贸易	贸易国别（地区）	印度	提单/运单号	COCO－PL123456
到货日期	2011.6.9	起运国家（地区）	印度	许可证/审批号	2010122430
卸毕日期	2011.6.9	起运口岸	孟买	入境口岸	上海
索赔有效期至	2012.6.7	经停口岸	/	目的地	上海
集装箱规格、数量及号码					

合同订立的特殊条款以及其他要求	/	货物存放地点	上海港
		用　　途	自营自销
请附单据（画“√”或填补）	标记及号码	＊外商投资财产（画“√”）	□是□否

请附单据		标记及号码	＊检验检疫费	
☑合同	□到货通知	N/M	总金额 （人民币元）	
☑发票	☑装箱单			
☑提/运单	□质保书			
□兽医卫生证书	□理货清单		计费人	
□植物检疫证书	□磅码单			
□动物检疫证书	□验收报告			
□卫生证书	☑包装声明		收费人	
□原产地证	□			
☑许可/审批文件	□			

续表

<table>
<tr><td rowspan="3">报检人郑重声明：
1. 本人被授权报检。
2. 以上填写内容正确、属实。
签名：霍代尔</td><td colspan="2">领取证单</td></tr>
<tr><td>日期</td><td>2011. 6. 10</td></tr>
<tr><td>签名</td><td>霍代尔</td></tr>
<tr><td colspan="3">注：有“＊”号栏由出入境检验检疫机关填写　　◆国家出入境检验检疫局制
[1－1（2010. 1. 1）]</td></tr>
</table>

3. 出具单据

捷达货运完成了入境货物报检单的填制之后，一并将收到的全套单据交与上海市检验检疫局，完成货物的报检操作。

上海市检验检疫局收到捷达货运的报检申请之后，由商检机构办理检验检疫登记，给捷达货运出具入境货物通关单，并在提货单白色联上加盖三检合格章。

中华人民共和国出入境检验检疫

入境货物通关单

编号：120600107009216

<table>
<tr><td colspan="3">1. 收货人
新城钢铁生产加工有限公司</td><td rowspan="3">5. 标记及号码
N/M</td></tr>
<tr><td colspan="3">2. 发货人
印度孟买（BOMBAY）希尔玛市 OTTO 建筑公司</td></tr>
<tr><td colspan="2">3. 合同/提（运）单号
COCO－PL123456</td><td>4. 输出国家或地区
印度孟买</td></tr>
<tr><td colspan="2">6. 运输工具名称及号码
COCO ANGLE V. B65</td><td>7. 目的地
上海</td><td>8. 集装箱规格及数量</td></tr>
<tr><td>9. 货物名称及规格
卷钢（ROLLED）</td><td>10. H. S. 编码
72269920</td><td>11. 申报总值
USD 10 000. 00</td><td>12. 数/重量、包装数量及种类
20 000 件　626. 40 T</td></tr>
</table>

续表

13. 证明
上述货物业已报检/申报，请海关予以放行 检验检疫 专用章
签字： 日期：2011.6.10
14. 备注 **********

B 6353415 ① 货物通关 [2-1-2（2010.1.1）*1]

提货单：

<table>
<tr><td colspan="6">提 货 单</td></tr>
<tr><td colspan="4"></td><td>海关编号</td><td>126009441</td></tr>
<tr><td colspan="3">收货人：
XINCHENG STEEL PRODUCTION AND PROCESSING CO.，LTD
新城钢铁生产加工有限公司</td><td colspan="3" rowspan="2">下列货物已办妥手续，运费结清，准予交付收货人</td></tr>
<tr><td colspan="3">TEL：010-79467658
FAX：010-79467658</td></tr>
<tr><td>船名：
COCO ANGLE</td><td>航次：
V. B65</td><td colspan="2">起运港：
BOMBAY</td><td colspan="2">目的港：
SHANGHAI</td></tr>
<tr><td>提单号：
COCO-PL123456</td><td>交付条款：
CY-CY</td><td colspan="4">第一程运输：</td></tr>
<tr><td>集装箱号：</td><td>箱数：</td><td colspan="2">换单日期：
2011.6.10</td><td colspan="2">卸货地点：
上海港</td></tr>
<tr><td>集装箱号、铅封号</td><td>货物名称</td><td>件数与包装</td><td>重量</td><td colspan="2">体积</td></tr>
<tr><td></td><td>卷钢</td><td>20 000 件</td><td>626.40 T</td><td colspan="2"></td></tr>
<tr><td></td><td></td><td></td><td></td><td colspan="2"></td></tr>
<tr><td></td><td></td><td></td><td></td><td colspan="2"></td></tr>
<tr><td></td><td></td><td></td><td></td><td colspan="2"></td></tr>
</table>

续表

收货人章：	海关章：		
		检验检疫合格章	船代加盖提货专用章
注意事项：			
1. 本提货单需要有船单（船公司）放货章和海关放行章后方始有效。凡属法定检验检疫的进口商品，必须向检验检疫机构申报。 2. 货物超过港存期，码头公司可以按有关规定处理。在规定期间无人提取的货物，按《海关法》和国家有关规定处理。			

在领取入境货物通关单后，捷达货运与检验检疫局约定实施检验检疫的时间及地点。因为这批卷钢货物特有的性质，捷达货运安排车队在船到港时进行车船直取，即检验检疫地点为前方码头，时间为6月11日12：00。

步骤四 进口报关

1. 收集单据、委托报关

捷达货运换到提货单，并收到全套正本单据（贸易合同、发票、装箱单及已获得的入境货物通关单），就开始根据新城钢铁的代理报关委托书办理通关手续。

捷达货运首先确认了商品编码72269920，通过查阅得知监管条件为A。

代 理 报 关 委 托 书

我单位（A. 逐票，B. 长期）委托贵公司代理ABCD等通关事宜。（A. 填单申报 B. 辅助查验 C. 点缴税款 D. 办理海关证明联 E. 审批手册 F. 核销手册 G. 申办减免税款 H. 其他）详见《委托报关协议》。

我单位保证遵守《海关法》和国家有关法规，保证所提供的情况属实、完整，单货相符，无侵犯他人知识产权的行为。否则，愿承担相关法律责任。

本委托书有效期自签字之日起至　　年　月　日止。

委托方（盖章）：新城钢铁生产加工有限公司

（法定代表人或其授权签署《代理报关委托书》的人签字）：×××

2011年6月12日

续表

委 托 报 关 协 议

为明确委托报关具体事项和各自责任，双方经平等协商签订协议如下：

委托方	新城钢铁生产加工有限公司
主要货物名称	卷钢
H. S. 编码	72269920
货物总价	
进出口日期	2011 年 6 月 10 日
提单号	* * *
贸易方式	一般贸易
原产地/货源地	印度孟买
其他要求：	
背面所列通用条款是本协议不可分割的一部分，对本协议的签署构成了对背面通用条款的同意	
委托方业务签章： 新城钢铁生产加工有限公司 经办人签章： × × × 联系电话：	

<table>
<tr><td>被委托方</td><td colspan="2">上海捷达国际货运集团</td></tr>
<tr><td>报关单编码</td><td colspan="2">* * * *</td></tr>
<tr><td>收到单证日期</td><td colspan="2">* * * *</td></tr>
<tr><td rowspan="4">收到单证情况</td><td>■ 合同</td><td>■ 发票</td></tr>
<tr><td>■ 装货清单</td><td>■ 提单</td></tr>
<tr><td>□ 加工贸易手册</td><td>□ 许可证号</td></tr>
<tr><td colspan="2">其他　核销单　通关单</td></tr>
<tr><td>报关收费</td><td colspan="2">人民币：　* * *　元</td></tr>
<tr><td colspan="3">承诺说明：</td></tr>
<tr><td colspan="3">背面所列通用条款是本协议不可分割的一部分，对本协议的签署构成了对背面通用条款的同意</td></tr>
<tr><td colspan="3">被委托方业务签章：
上海捷达国际货运集团
经办人签章：　× × ×
联系电话：</td></tr>
</table>

2. 填写进口货物报关单

捷达货运根据本笔业务的全套单据，填制进口货物报关单草单，然后登录海关电子口岸，到海关预录入中心预录入货物信息，进行电子申报。

中华人民共和国海关进口货物报关单

预录入编号：　　　　　　　　　　海关编号：

<table>
<tr><td colspan="2">进口口岸
上海浦东海关 2210</td><td>备案号</td><td>进口日期
20110610</td><td>申报日期
20110612</td></tr>
<tr><td>经营单位
新城钢铁生产加工有限公司
3122213110</td><td>运输方式
2</td><td>运输工具名称
COCO ANGLE V. B65</td><td colspan="2">提运单号
COCO - PL123456</td></tr>
</table>

续表

收货单位 新城钢铁生产加工有限公司 3122213110		贸易方式 一般贸易 0110	征免性质 一般征税	征税比例
许可证号	起运国（地区） 印度		装货港 孟买	境内目的地 上海
批准文号 WDF433434343	成交方式 FOB	运费 502/2000/3	保费 000/0.03/1	杂费
合同协议号 SH0710001－16HH024	件数 20 000	包装种类	毛重（kg） 626 400	净重（kg） 626 400
集装箱号	随附单据 进口许可证 提单 提货单			用途 企业自用
标记唛码及备注				

项号	商品编号	商品名称、规格型号	数量及单位	原产国（地区）	单价	总价	币制	征免
	72269920	卷钢	626 400 kg	印度孟买	0.5	10 000.00	USD	照章征税

税费征收情况		
录入员 录入单位	兹声明以上申报无讹并承担法律责任	海关审单批注及放行日期（签章）
报关员 申报单位（签章）		审单 审价
单位地址		征税 统计
邮编 电话 填制日期		查验 放行

3. 海关审单

电子申报的货物信息通过海关内部系统传输给海关审单中心，审单中心审核通过后，再将报关单及随附单证合同、发票、装箱单、提货单正本和提单副本递交给海关书面审核。

海关审完单后，核对计算机系统计算的税费，开具税款缴款书和收费票据。捷达货运在规定时间内持缴款书或收费票据到指定的银行办理税费交付手续。若是可登录中国电子口岸网上缴税和付费的海关，捷达货运可通过电子口岸接收海关发出的税款缴款书和收费票据，在网上向签有协议的银行进行电子支付税费。收到银行缴款成功的信息后，报请海关办理货物放行手续。

审核通过后，海关在进口货物提货单上签盖海关放行章，同时在计算机中确认放行，使该货物可以通过电子闸门。捷达货运签收提货单，凭以提取进口货物。

<table>
<tr><td colspan="6">提　货　单</td></tr>
<tr><td colspan="4"></td><td>海关编号</td><td>126009441</td></tr>
<tr><td colspan="3">收货人：
XINCHENG STEEL PRODUCTION AND PROCESSING CO.，LTD
新城钢铁生产加工有限公司
TEL：010－79467658
FAX：010－79467658</td><td colspan="3">下列货物已办妥手续，运费结清，准予交付收货人</td></tr>
<tr><td>船名：
COCO ANGLE</td><td>航次：
V. B65</td><td colspan="2">起运港：
BOMBAY</td><td colspan="2">目的港：
SHANGHAI</td></tr>
<tr><td>提单号：
COCO－PL123456</td><td>交付条款：
CY－CY</td><td colspan="4">第一程运输：</td></tr>
<tr><td>集装箱号：</td><td>箱数：</td><td colspan="2">换单日期：
2011.6.10</td><td colspan="2">卸货地点：
上海港</td></tr>
<tr><td>集装箱号、铅封号</td><td>货物名称</td><td>件数与包装</td><td>重量</td><td colspan="2">体积</td></tr>
<tr><td></td><td>卷钢</td><td>20 000 件</td><td>626.40 T</td><td colspan="2"></td></tr>
<tr><td></td><td></td><td></td><td></td><td colspan="2"></td></tr>
<tr><td></td><td></td><td></td><td></td><td colspan="2"></td></tr>
<tr><td></td><td></td><td></td><td></td><td colspan="2"></td></tr>
<tr><td>收货人章：</td><td colspan="5">海关章：</td></tr>
<tr><td></td><td>海关加盖放行章</td><td colspan="2">检验检疫合格章</td><td colspan="2">船代加盖提货专用章</td></tr>
<tr><td colspan="6">注意事项：</td></tr>
<tr><td colspan="6">1. 本提货单需要有船单（船公司）放货章和海关放行章后方始有效。凡属法定检验检疫的进口商品，必须向检验检疫机构申报。
2. 货物超过港存期，码头公司可以按有关规定处理。在规定期间无人提取的货物，按《海关法》和国家有关规定处理。</td></tr>
</table>

若海关在审单过程中发现问题，则送查验科查验。现场查验后，决定是否放行。

步骤五　提货

船到港后，船舶停靠在港区4－03泊位。2011年6月10日，根据卸船计划，船代公司和港务、港监共同安排船舶停靠和卸船，全程记录卸货过程。

由于卷钢特有的商品性质，捷达货运提前与船公司沟通船到港的时间，准备进行车船直取，既保证了货物的顺利卸船，同时也节约了搬运成本。最终货物被卸至海关监管区。

步骤六　发货

捷达货运在与新城钢铁确认运费、杂费等费用结清之后，即派自己的车队将这批卷钢送到货主手中，运费也是由货主自己承担。

至此完成所有流程操作。

相关链接

件杂货装卸注意事项

1. 工作地点要整洁，特别对于食品更应注意保持吊货工具夹、机械和工作人员的清洁。

2. 选用合适的、牢固的吊货工具夹。

3. 正确地将货物安放在吊货工具夹上。

4. 平稳地升降货吊。

5. 将件货整齐地安放在水平运输机械上，必要时对货组进行捆扎，以免运输过程中振落受损。

第 2 章

航空运输

第 1 节 一般出口操作

任务 航空货物出口运输操作

学习目标

通过本单元的学习，能够顺利完成航空货物出口运输操作。

技能要点

1. 熟悉审核与确认客户航空托运单信息的要点
2. 掌握制作航空托运单的方法
3. 熟悉查找和使用航空货运代码的方法
4. 熟悉识读航空出口单证的方法
5. 掌握计算航空普通货物运费的方法
6. 掌握识读和制作空运报关单的方法
7. 熟悉货物出口空运报关流程

操作任务

任务名称：航空货物出口运输操作

任务背景：

2011 年 6 月 23 日，四川中工科贸易有限公司委托北京中田物流集团出口一批笔记本电脑到菲律宾。

北京中田物流集团是一个经商务部、中国民航局批准的一类一级国际货运代理企业，国际航空运输协会（IATA）成员，被国家经贸委列为国家重点扶持的物流企业之一。该集团与各航空公司均有合作，拥有长期的舱位，能够保证运输的顺利进行。

四川中工科贸易有限公司是一家生产笔记本电脑的大型企业。其委托北京中田物流集团出口 2 000 台笔记本电脑到菲律宾马尼拉 SUNING 电器，要求这批电脑在 7 月初能够上市。

北京中田物流集团航运业务部接到委托之后，开始安排运输，保证运输的顺利完成。

出口商：四川中工科贸易有限公司（SICHUAN ZHONGGONGKE TRADING CO.，LTD.）

地址：NO. 4 - 703 AUSTRALIA SUN BUILDING，MACQUARIE GARDEN，SOUTH DAGU ROAD，CHENGDU，SICHUAN，CHINA.

进口商：MANILA THE PHILIPPINES SUNING APPLIANCES

北京中田物流集团（BEIJING ZHONGTIAN LOGISTICS GROUP）

操作准备

1. 针对本任务，操作准备工作内容如下：

项目		准备内容
布置环境	软件	海关电子口岸
	硬件	计算机
	主要涉及角色	发货人、收货人、货运代理人、航空公司、海关、检验检疫局、报关行
	其他工具	纸、笔
	涉及单据	国际货物托运单、航空运单、出口货物报关单、报关委托书
制订计划	步骤一	委托运输
	步骤二	审核单证
	步骤三	预配舱
	步骤四	预订舱
	步骤五	接受单证
	步骤六	制单
	步骤七	接货
	步骤八	贴标签
	步骤九	配舱
	步骤十	订舱
	步骤十一	出口报关
	步骤十二	制作出仓单
	步骤十三	提板箱
	步骤十四	签单
	步骤十五	交接发运
	步骤十六	航班跟踪
	步骤十七	信息服务
	步骤十八	费用结算

2. 航空运单

<table>
<tr><td>Shipper's Name and Address</td><td>Shipper's Account Number</td><td rowspan="2">Not Negotiable
Air Waybill
Issued by</td></tr>
<tr><td colspan="2"></td></tr>
<tr><td colspan="2"></td><td>Copies 1, 2 and 3 of this Air Waybill are originals and have the same validity.</td></tr>
<tr><td>Consignee's Name and Address</td><td>Consignee's Account Number</td><td rowspan="4">It is agreed that the goods described herein are accepted in apparent good order and condition (except as noted) for carriage SUBJECT TO THE CONDITIONS OF CONTRACT ON THE REVERSE HEREOF. ALL GOODS MAY BE CARRIED BY ANY OTHER MEANS INCLUDING ROAD OR ANY OTHER CARRIER UNLESS SPECIFIC CONTRARY INSTRUCTIONS ARE GIVEN HEREON BY THE SHIPPER, AND SHIPPER AGREES THAT THE SHIPMENT MAY BE CARRIED VIA INTERMEDIATE STOPPING PLACES WHICH THE CARRIER DEEMS APPROPRIATE. THE SHIPPER'S ATTENTION IS DRAWN TO THE NOTICE CONCERNING CARRIER'S LIMITATION OF LIABILITY. Shipper may increase such limitation of liability by declaring a higher value for carriage and paying a supplemental charge if required.</td></tr>
<tr><td colspan="2"></td></tr>
<tr><td colspan="2">Issuing Carrier's Agent Name and City</td></tr>
<tr><td colspan="2"></td></tr>
<tr><td>Agent's IATA Code</td><td>Account No.</td><td rowspan="4">Accounting Information</td></tr>
<tr><td colspan="2"></td></tr>
<tr><td colspan="2">Airport of Departure (Addr. of First Carrier) and Requested Routing</td></tr>
<tr><td colspan="2"></td></tr>
</table>

<table>
<tr><td rowspan="2">To</td><td colspan="5">Routing and Destination</td><td rowspan="2">Currency</td><td rowspan="2">CHGS Code</td><td colspan="2">WT/VAL</td><td colspan="2">OTHER</td><td rowspan="2">Declared Value for Carriage</td><td rowspan="2">Declared Value for Customs</td></tr>
<tr><td>By First Carrier</td><td>to</td><td>by</td><td>to</td><td>by</td><td>PPD</td><td>COLL</td><td>PPD</td><td>COLL</td></tr>
<tr><td></td><td></td><td></td><td></td><td></td><td></td><td></td><td></td><td></td><td></td><td></td><td></td><td></td><td></td></tr>
</table>

<table>
<tr><td>Airport of Destination</td><td colspan="2">Requested Flight/Date</td><td>Amount of Insurance</td><td rowspan="2">INSURANCE - if carrier offers insurance and such insurance is requested in accordance with the conditions thereof, indicate amount to be insured in figures in box marked Amount of Insurance</td></tr>
<tr><td></td><td></td><td></td><td></td></tr>
</table>

续表

Handling Information	SCI
These commodities, technology or software were exported from the United States in accordance with the Export Administration Regulations. Diversion contrary to USA law prohibited.	

No of Pieces RCP	Gross Weight	Rate Class	Commodity Item No.	Chargeable Weight	Rate/Charge	Total	Nature and Quantity of Goods (incl. Dimensions or Volume)

Prepaid	Weight Charge	Collect	Other Charges
	Valuation Charge		
	Tax		
			Shipper certifies that the particulars on the face hereof are correct and that insofar as any part of the consignment contains dangerous goods, such part is properly described by name and is in proper condition for carriage by air according to the applicable Dangerous Goods Regulations.
	Total Other Charges Due Agent		
	Total Other Charges Due Carrier		
			Signature of Shipper or his Agent
Total Prepaid		Total Collect	
Currency Conversion Rates		CC Charges in Dest. Currency	
			Executed on (date) / at (place) / Signature of Issuing Carrier or its Agent
For Carriers Use only at Destination		Charges at Destination	Total Collect Charges

ORIGINAL 1 (FOR CARRIER)

操作步骤

步骤一　委托运输

四川中工科贸易有限公司将这次交易的合同、发票、装箱单等单据一同快递给北京中田物流集团航运业务部，并告知货物的名称、数量、出口日期、建议航班等内容，委托其代填航空运输托运单。

根据《华沙公约》第5条第（1）款和第（5）款规定，航空运单可以由托运人（货主）自己填写，也可以由承运人或其代理人代为填写。实际上目前运单均由承运人或其代理人代为填写。为此，作为填开运单的依据——托运单，应由托运人自己填写，而且托运人必须在托运单上签字或者盖章。

托运单是托运人用于委托承运人或其代理人填开航空运单的一种表单，表单上列有填制货运单所需要的各项内容，并应印有授权于承运人或其代理人代其在运单上签字的文字说明。

合同：

四川中工科贸易有限公司

SICHUAN ZHONGGONGKE TRADING CO.，LTD.

NO. 4－703 AUSTRALIA SUN BUILDING，MACQUARIE GARDEN，SOUTH DAGU ROAD，CHENGDU，SICHUAN，CHINA.

SALES　CONTRACT

Contract No.：BY10D1064

Date：2011/06/23

兹确认授予你方下列货品，其成交条款如下：

We hereby confirm having sold you the following goods on terms and conditions as specified below：

1. 品名及规格 Commodity & Specification	2. 数量 Quantity	3. 单价及价格条款 Unit Price & Trade Terms	4. 金额 Amount
LAPTOP　v100	2 000	USD 1 300. 00 CIP　MANILA　PORT	USD 2 600 000. 00
1. 包装：适用于航空运输的出口包装			
2. 保险：□如按CIF价格成交由卖方按发票金额110%按照中国人民保险公司海运货物保险及战争条款投保一切险及战争险，保至海运目的港为止。 Insurance： □To be effected by the seller for 110% of invoice value to cover All Risk and War Risk up to port of discharge as per the Ocean Marine Cargo Clause and War Risk Clause of the People Insurance Company of China，if conclude a transaction according to CIF term. □由买方自理。 □To be effected by Buyer.			

续表

3. 付款条件：T/T Payment：
4. 买方须于上述时间内将信用证开到卖方，否则卖方有权不必通知买方撤销本合同的全部或一部分并对因此遭受的损失向买方提出索赔。信用证一定要注明本合同号。 The Buyer shall be liable to let the L/C reach the Seller before the above - stipulated date, failing which the Seller shall have the right to cancel, without notice, wholly or party the contract, and to claim for any direct losses sustained there from In the L/C the Ref. Number of this contract must be quoted
5. 凡属商品品质异议，买方须于货到目的地后 30 天内向卖方提出；凡属商品数量异议，买方须于货到目的地后 15 天内向卖方提出，双方同意如异议属于保险公司，运输公司、其他运输机构的邮电机构负责范围，卖方不承担任何责任。 Quality discrepancy, if any, shall be raised by the Buyer within 30 days after the arrival of goods at the port of destination, and quantity discrepancy, if any, shall be raised by the Buyer within 15 days after the arrival of goods at the port of destination. It is mutually understood that the Seller shall not assume any responsibility for any discrepancy (ies) of the goods shipped owing to causes For which the insurance company, shipping company, other transportation organization of post office are to be liable for.
6. 如属人力不可抗力的原因，以致不能全部或部分履行本合同卖方不负责任。 The Seller shall not be held responsible for failure or delay in delivery of the entire lot or a portion of the goods under this contract in consequence of any Force Majeure incidents.
7. 凡因执行本合同所发生的或与本合同有关的一切争议应由双方通过友好协商解决，如果协商仍不能解决时应提交中国国际贸易促进委员会对外经济贸易仲裁委员会根据该会的仲裁程序进行仲裁，仲裁裁决是终局的，对双方有约束力。 All disputes arising from the execution of, connection with this contract, shall be settled amicably through negotiation. In case no settlement can be reached through negotiation, the case shall then be submitted to The Foreign Economic & Trade Arbitration commission of the China Council for The Promotion of International Trade, Beijing, for arbitration in accordance with its provisional rules of procedure. The arbitrator's decision is final and binding upon both parties.

MANILA THE PHILIPPINES SUNING APPLIANCES

THE BUYER

四川中工科贸易有限公司

SICHUAN ZHONGGONGKE TRADING CO., LTD.

THE SELLER

发票：

Issuer： SICHUAN ZHONGGONGKE TRADING CO., LTD. NO. 4 - 703 AUSTRALIA SUN BUILDING, MACQUARIE GARDEN, SOUTH DAGU ROAD, CHENGDU, SICHUAN, CHINA.	SICHUAN ZHONGGONGKE TRADING CO., LTD. **COMMERCIAL INVOICE**
To： MANILA THE PHILIPPINES SUNING APPLIANCES	

续表

Transport details FROM BEIJING CHINA TO MANILA NORTH, PHILIPINES		No.: BY10D1064	Date: JUNE, 24, 2011	
		CONTRACT No.: BY10D1064	L/C No.: T/T	
Marks &Numbers	Description	Quantity	Unit price (USD)	Amount (USD)
N/M	LAPTOP v100	2 000	USD 1 300.00 CIF MANILA	USD 2 600 000.0
TOTAL:		2 000		USD 2 600 000.0

装箱单：

Issuer: SICHUAN ZHONGGONGKE TRADING CO., LTD. NO. 4 – 703 AUSTRALIA SUN BUILDING, MACQUARIE GARDEN, SOUTH DAGU ROAD, CHENGDU, SICHUAN, CHINA.		SICHUAN ZHONGGONGKE TRADING CO., LTD. **PACKING LIST**				
To: MANILA THE PHILIPPINES SUNING APPLIANCES						
Transport details FROM BEIJING CHINA TO MANILA NORTH, PHILIPINES		No.: BY10D1064		Date: JUNE, 24, 2011		
		CONTRACT No.: BY10D1064		L/C No.: T/T		
Marks & Numbers	Description	QTY	Ctns (CTNS)	G. w. (kg)	N. w. (kg)	M. Ment (m^3)
N/M	LAPTOP v100	2 000	2 000	2 809	2 496	29.6
TOTAL:		2 000	2 000	2 809	2 496	29.6

北京中田物流集团航运业务部根据货主提供的单据填写国际货物托运单。

<table>
<tr><td colspan="6">国际货物托运单
SHIPPER'S LETTER OF INSTRUCTION</td></tr>
<tr><td colspan="3">始发站
Airport of Departure</td><td colspan="3">供承运人用
For Carriage Use Only</td></tr>
<tr><td colspan="3">北京 BEIJING</td><td colspan="2">班期/日期
FLIGHT/DAY</td><td>航班/日期
FLIGHT/DAY</td></tr>
<tr><td colspan="3">到达站
Airport of Destination</td><td colspan="3" rowspan="2">CZ377/3 JULY</td></tr>
<tr><td colspan="3">马尼拉 MANILA</td></tr>
<tr><td colspan="3">托运人姓名及地址
Shipper's Name & Address</td><td>运费
Charges</td><td colspan="2"></td></tr>
<tr><td colspan="3" rowspan="2">SICHUAN ZHONGGONGKE TRADING CO. , LTD.
NO. 4 – 703 AUSTRALIA SUN BUILDING, MACQUARIE GARDEN, SOUTH DAGU ROAD, CHENGDU, SICHUAN, CHINA.</td><td>运费预付
P. P.</td><td colspan="2" rowspan="2">CHARGES PREPAID</td></tr>
<tr><td>运费到付
C. C.</td></tr>
<tr><td colspan="3">收货人姓名及地址
Consignee's Name & Address</td><td colspan="3">托运人声明价值
Shipper's Declared Value</td></tr>
<tr><td colspan="3" rowspan="3">MANILA THE PHILIPPINES SUNING APPLIANCES</td><td colspan="3">NVD</td></tr>
<tr><td colspan="3">保险金额
Amount of Insurance</td></tr>
<tr><td colspan="3"></td></tr>
<tr><td colspan="3">通知方
Notify Party</td><td colspan="3">随附文件
Documents To Accompany Air Waybill</td></tr>
<tr><td colspan="3">MANILA THE PHILIPPINES SUNING APPLIANCES</td><td colspan="3">合同、发票、装箱单</td></tr>
<tr><td>标记及号码
Marks
&Number</td><td>货物名称
Description
of Goods</td><td>件数
Number of
Package</td><td>毛重
Gross Weight</td><td>净重
Net Weight</td><td>体积
Dimension</td></tr>
</table>

续表

N/M	LAPTOP v100 笔记本电脑	2 000	2 809 KGS	2 496 KGS	29.6 CBM
备注 Remarks					
注意：1. 托运人请证实以上所填全部属实并遵守承运人的一切运载章程 2. 地址请用英语填写 3. 货名请用中英文填写					
托运人			日期		

北京中田物流集团航运业务部根据本票业务的合同、发票、装箱单填制完成了国际货物托运书单，并交给货主审核。货主审核的主要内容有价格和航班日期。完成审核并确认无误后，货主在“托运人”“日期”栏目处签名确认，表示委托代理运输本票货物并对委托内容承担责任。

步骤二 审核单证

国际货物托运单确认无误之后，北京中田物流集团就开始针对四川中工科贸易有限公司提供的单据及托运单进行审核。

北京中田物流集团审核发票上加盖了四川中工科贸易有限公司的公章，并且有标明价格术语和交易商品的单价；在托运单中审核了目的站马尼拉、运费预付“CHARGES PREPAID”及相关商品的信息，最主要的是有托运人审核完成后在托运单上的签名；收汇核销单上在出口单位备注栏上有四川中工科贸易有限公司加盖的公司章。

另外还应审核的内容为报关单上是否有注明经营单位注册号、贸易性质、收汇方式，并在申报单位处加盖公章；许可证上是否有合同号、出口口岸、贸易国别，且有效期一定要符合要求并与其他单据相符；商检证中有商检放行章、关封等内容。

将提供单据的内容全部审核完毕之后即可进行下一步操作。

步骤三　预配舱

北京中田物流集团航运业务部审核完单证及其内容之后，就开始申请合适的舱位。航运业务部统计了要运往马尼拉的所有货物的件数、重量、体积。共有三个客户的出运货物，分别为四川中工科贸易有限公司的笔记本电脑、天津绮华服饰有限公司的礼服、佳琪贸易有限公司的毛绒玩具。

航运业务部按照三个客户的要求和货物情况，并且综合考虑南方航空公司 CZ377 航班机型对不同板箱的重量、金额高度，制订了初步的预配舱方案，并为每票货物配上运单号。

步骤四　预订舱

北京中田物流集团航运业务部根据预配舱的信息按照航班、日期打印出总运单号、件数、重量、体积，向南方航空公司预订舱。

在这一步操作中，航运业务部对预报的货物的实际件数、重量、体积等都会有差别，这些在正式配舱时都会有所调整。

步骤五　接受单证

北京中田物流集团航运业务部将打印出的单据及已经审核确认的托运书、发票、装箱单、报关单等单据交给南方航空公司。

步骤六　制单

当确认南方航空公司接到订舱单证之后，北京中田物流集团航运业务部就开始填制航空运单，包括总运单和分运单。填制航空运单是货代企业空运出口业务中最主要也是最重要的环节。航空运单填写正确与否直接关系到货物能否及时、准确地运达目的地。航空运单是发货人收结汇的主要有价证券，因此，填写时必须要详细、准确，严格符合单货一致、单单一致的要求。

填制航空运单的主要依据是之前已经填制完成的国际货物托运单。运单一般用英文填写，目的地如果为香港则可以填写中文，但是货物的品名一定要用英文填写。航空运单填写完成如下所示：

<table>
<tr><td colspan="3" align="right">784 - 0049 - 6716</td></tr>
<tr><td>Shipper's Name and Address</td><td>Shipper's Account Number</td><td rowspan="2">Not Negotiable
Air Waybill
Issued by　中国南方航空公司
CHINA SOUTHERN</td></tr>
<tr><td colspan="2">BEIJING ZHONGTIAN
LOGISTICS GROUP</td></tr>
<tr><td colspan="2"></td><td>Copies 1, 2 and 3 of this Air Waybill are originals and have the same validity.</td></tr>
</table>

续表

<table>
<tr><td>Consignee's Name and Address</td><td>Consignee's Account Number</td><td rowspan="4">It is agreed that the goods described herein are accepted in apparent good order and condition (except as noted) for carriage SUBJECT TO THE CONDITIONS OF CONTRACT ON THE REVERSE HEREOF. ALL GOODS MAY BE CARRIED BY ANY OTHER MEANS INCLUDING ROAD OR ANY OTHER CARRIER UNLESS SPECIFIC CONTRARY INSTRUCTIONS ARE GIVEN HEREON BY THE SHIPPER, AND SHIPPER AGREES THAT THE SHIPMENT MAY BE CARRIED VIA INTERMEDIATE STOPPING PLACES WHICH THE CARRIER DEEMS APPROPRIATE. THE SHIPPER'S ATTENTION IS DRAWN TO THE NOTICE CONCERNING CARRIER'S LIMITATION OF LIABILITY. Shipper may increase such limitation of liability by declaring a higher value for carriage and paying a supplemental charge if required.</td></tr>
<tr><td colspan="2">MANILA THE PHILIPPINES SUNING APPLIANCES</td></tr>
<tr><td colspan="2">Issuing Carrier's Agent Name and City</td></tr>
<tr><td colspan="2">BEIJING ZHONGTIAN LOGISTICS GROUP BEIJING</td></tr>
<tr><td>Agent's IATA Code</td><td>Account No.</td><td rowspan="5">Accounting Information</td></tr>
<tr><td colspan="2">CZ</td></tr>
<tr><td colspan="2">Airport of Departure (Addr. of First Carrier) and Requested Routing</td></tr>
<tr><td colspan="2">BEIJING AIRPORT</td></tr>
</table>

Routing and Destination						Currency	CHGS Code	WT/VAL		OTHER		Declared Value for Carriage	Declared Value for Customs
To	By First Carrier	to	by	to	by			PPD	COLL	PPD	COLL		
MNL						USD	X	X		X		N. V. D.	

Airport of Destination	Requested Flight/Date	Amount of Insurance	INSURANCE – if carrier offers insurance and such insurance is requested in accordance with the conditions thereof, indicate amount to be insured in figures in box marked Amount of Insurance
MANILA. PHILIPPINES	CZ377/3 JULY		

Handling Information	SCI

These commodities, technology or software were exported from the United States in accordance with the Export Administration Regulations. Diversion contrary to USA law prohibited.

续表

No. of Pieces RCP	Gross Weight	Rate Class	Commodity Item No.	Chargeable Weight	Rate/Charge	Total	Nature and Quantity of Goods (incl. Dimensions or Volume)
1	2 809 KGS			AS AGREED			

Prepaid	Weight Charge	Collect	Other Charges
AS AGREED			
	Valuation Charge		
	Tax		
			Shipper certifies that the particulars on the face hereof are correct and that insofar as any part of the consignment contains dangerous goods, such part is properly described by name and is in proper condition for carriage by air according to the applicable Dangerous Goods Regulations.
	Total Other Charges Due Agent		
	Total Other Charges Due Carrier		
* * * *			
			Signature of Shipper or his Agent
Total Prepaid		Total Collect	
Currency Conversion Rates		CC Charges in Dest. Currency	
			Executed on (date) / at (place) / Signature of Issuing Carrier or its Agent
For Carriers Use only at Destination		Charges at Destination	Total Collect Charges
ORIGINAL 1 (FOR CARRIER)			

步骤七　接货

航空运单制作完成之后，北京中田物流集团 BGS（地面工作服务站）现场操作部就开始接收货物。

BGS 收到航空运单之后，与四川中工科贸易有限公司约定送货时间和地点。四川中工科贸易有限公司在收到通知后及时将 2 000 台笔记本电脑送至 BGS。

BGS 现场操作工作人员在接到货物之后进行了过磅和丈量，根据发票和装箱单内容清点货物，并得到称重条。称重条如下所示：

北京空港航空地面服务有限公司 BEIJING AVIATION GROUND SERVICES CO.，LTD.

称重条
WEIGHT SLIP

日期/时间

date/time：

运单号	784－0049－6716	货物在装配时是否可拆去木托包装	是□　否■
总件数	2 000 台	货物是否可倒置	是■　否□
净重	2 496 KGS	货物是否需要危险品鉴定	是□　否■
尺寸　50×30×10/2000			
体积 Volume	29.6 CBM	体积重量 Volume WT	＊＊＊＊＊
收货明细 Acceptance Details			
备注 Remarks　北京中田物流集团			

收货员工　　　　　　　　　　交货人签字

Received By：ZT0052　　　Received From（Signature）　ABC

在完成了货物的丈量和信息核对之后，BGS 现场操作工作人员还检查了这批笔记本电脑的包装是否符合运输标准，以保证货物能够顺利完成运输。这批笔记本电脑的运输包装为包装纸箱放在木质托盘上，并有塑料薄膜打包带加固。

步骤八　贴标签

北京中田物流集团接到这批笔记本电脑之后，会在商品包装上贴上运输标记和标签，以记录这批货物的相关信息。

1. 标记包括的内容

（1）托运人名称、地址：四川中工科贸易有限公司　四川成都南大古路

（2）收货人名称、地址：MANILA THE PHILIPPINES SUNING APPLIANCES 菲律宾马尼拉

（3）操作注意事项：小心轻放

2. 标签包括的内容

（1）运单号码：784－0049－6716

（2）商品名称：笔记本电脑

（3）商品数量：2 000 台

（4）始发站：北京 PEK

（5）目的站：马尼拉 MNL

还有其他一些运输、操作标签，如危险品标签、活动物标签、鲜活易腐标签、易碎物品等。一般的运输和操作标签都印在包装箱上，主要为识别标签内容。

步骤九　配舱

北京中田物流集团现场操作人员在收到货物并贴好标记和标签之后，核对出运商品时间、数量、重量、体积等内容与托运单上的内容一致，就可以按照预配的位置装货。

在实际操作中，如果核对出差别就需要重新调整预配舱，对于晚到、未到及未能顺利通关放行的货物进行调整，为制作舱单做准备。

步骤十　订舱

北京中田物流集团在完成地面服务之后，综合考虑了三种商品的性质、种类，向南方航空公司申请预订舱位。

北京中田物流集团向南方航空公司吨控部门领取并填写订舱单，同时提供了出运货物信息：

商品名称：笔记本电脑

商品数量：2 000 台

商品体积：29. 6 m^3

商品总重：2 809 kg

始发站：北京 PEK

目的站：马尼拉 MNL

运输条件：一般运输

南方航空公司根据以上信息合理安排航班和舱位。订舱完毕后，南方航空公司将会给北京中田物流集团签发舱位确认书（舱单），同时给予装货集装箱领取凭证，表示这次订舱成功。

航空公司舱位销售的原则是：保证有固定舱位配额的货物；保证邮件、快件舱位；有限预订运价较高的货物舱位；保留一定的零散货物舱位；未预订的货物按交运时间的先后顺序安排舱位。

有时候会因为货物原因、单证原因、海关原因使得最终舱位不够或者空舱，对于此类情况需要综合考虑和积累预见性经验，尽量减少此类事情的发生，并且在事情发生之后能够及时补救。

步骤十一　出口报关

1. 报关委托

预订舱位确认之后，就需要对将要出运的货物完成报关，向出境地海关办理这批笔记本电脑的出口手续。

北京中田物流集团是有报关资质的公司。四川中工科贸易有限公司填制了报关委托书，由北京中田物流集团全权办理报关事项。

2. 填制报关单草单

北京中田物流集团根据四川中工科贸易有限公司提交的单据完成报关单的填制。

<table>
<tr><th colspan="10">中华人民共和国海关出口货物报关单</th></tr>
<tr><td>预录入编号</td><td colspan="4"></td><td colspan="2">海关编号</td><td colspan="3"></td></tr>
<tr><td colspan="3">出口口岸
（2210）北京海关</td><td colspan="2">备案号</td><td colspan="3">出口日期
（20110701）</td><td colspan="2">申报日期</td></tr>
<tr><td colspan="3">经营单位
1203911299 四川中工科贸易有限公司</td><td>运输方式
航空运输</td><td colspan="3">运输工具名称
CZ377</td><td colspan="3">提运单号
784－0049－6716</td></tr>
<tr><td colspan="3">发货单位
1203911299 四川中工科贸易有限公司</td><td colspan="2">贸易方式
一般贸易（0110）</td><td colspan="3">征免性质
一般征税（101）</td><td colspan="2">结汇方式
T/T</td></tr>
<tr><td colspan="2">许可证号
774277021</td><td colspan="3">运抵国（地区）
菲律宾</td><td colspan="3">指运港
马尼拉</td><td colspan="2">境内货源地
四川其他</td></tr>
<tr><td colspan="2">批准文号</td><td>成交方式
CIP</td><td colspan="2">运费</td><td colspan="3">保费</td><td colspan="2">杂费</td></tr>
<tr><td colspan="2">合同协议号
BY10D1064</td><td colspan="2">件数
2 000</td><td>包装种类
纸箱</td><td colspan="3">毛重（kg）
2 809</td><td colspan="2">净重（kg）
2 496</td></tr>
<tr><td colspan="2">集装箱号
（不填）</td><td colspan="6">随附单据</td><td colspan="2">生产厂家</td></tr>
<tr><td colspan="10">标记唛码及备注
备注：
随附单证号：</td></tr>
<tr><td>项号</td><td>商品编号</td><td>商品名称、规格型号</td><td>数量及单位</td><td>最终目的国（地区）</td><td>单价</td><td>总价</td><td>币制</td><td colspan="2">征免</td></tr>
<tr><td>1</td><td>84713000</td><td>LAPTOP　v100</td><td>2 000 台</td><td>菲律宾</td><td>1 300. 00</td><td>2 600 000. 0</td><td>美元</td><td colspan="2">照章</td></tr>
<tr><td colspan="10">税费征收情况</td></tr>
</table>

续表

<table>
<tr><td>录入员</td><td colspan="2">录入单位</td><td colspan="3">兹声明以上申报无讹并承担法律责任</td><td colspan="2">海关审单批注及放行日期（签章）</td></tr>
<tr><td>报关员</td><td colspan="2"></td><td colspan="3" rowspan="2">申报单位（签章）</td><td>审单</td><td>审价</td></tr>
<tr><td>单位地址</td><td colspan="2"></td><td>征税</td><td>统计</td></tr>
<tr><td>邮编</td><td></td><td>电话</td><td></td><td>填制日期</td><td></td><td>查验</td><td>放行</td></tr>
</table>

3. 预录入

北京中田物流集团登录海关电子口岸，将已经填制完成的报关单草单录入海关系统，等待海关受理此票货物。

4. 交单

从海关系统中查到海关已经受理此票货物之后，报关员持四川中工科贸易有限公司的合同、发票、装箱单、运单、报关单、核销单、报关委托书等单据一起向海关申报。

5. 审单

海关接到报关员提交的全套单据之后，审核单证内容与货物内容。

6. 查验

海关审核单据无误，对将要出运的货物存有异议时，可以向报关员要求查验货物。

7. 征税

在海关受理了此票货物之后，就需要及时缴纳税费，并在出口收汇核销单上进行相应的填写。

8. 放行

海关审核无误，在运单正本上加盖海关放行章，同时在出口收汇核销单和报关单上加盖放行章。这样就完成了出口报关手续。

步骤十二　制作出仓单

出仓单的制作基础是之前已经完成的配舱方案。

制作完成的出仓单内容如下：

航班、日期：CZ377 / 3 JULY

装载板形式和数量：

进仓编号：25

运单号：784－0049－6716

件数：2 000 台

重量：2 809 kg

体积：29.6 m^3

目的地：MNL

备注：小心轻放

出仓单制作完成之后，需交给出口仓库用于准备出库计划，同时交给交接部门作为收货凭证和制作国际货物交接清单的依据。

步骤十三　提板箱

出仓单也制作完成之后，北京中田物流集团就根据订舱计划向航空公司申领板、集装箱并办理相应的手续。

申领板、箱时，需要领取相应的塑料薄膜和网，用于保护和加固。对所使用的板、箱进行登记之后，就可以提取然后装载。

北京中田物流集团订妥舱位之后，航空公司根据货量发放航空集装箱、板凭证，凭此可向航空公司的板箱管理部门领取与订舱货量相应的板、箱。

北京中田物流集团顺利领取了板、箱之后，四川中工科贸易有限公司就安排将2 000台笔记本电脑装载到板、箱上，并用塑料薄膜和网进行加固。

步骤十四　签单

海关在验关放行之后，在运单和相关单据上加盖海关放行章，还需要到航空公司签单。北京地面服务站BGS现场操作规定只有签单确认后才能将单、货交给航空公司。

北京中田物流集团将运单交给航空公司进行签单。航空公司审核运价完全正确，笔记本电脑也适合进行航空运输，不需要再办理其他的证明文件了。

步骤十五　交接发运

完成了签单操作之后，航空公司就开始根据航班顺序安排航空运输装机操作。北京中田物流集团就可以将要出运的货物和单据交给航空公司。

北京中田物流集团需要提交的有第二联航空运单正本、发票、装箱单、产地证明、品质鉴定书等单据。单据随同将要出运的货物一起交给航空公司。在交货之前，北京中田物流集团代替四川中工科贸易有限公司清点、核对货物数量，并填制货物交接清单。

航空公司在审单验货完成之后，就在货物交接清单上签字验收，将2 000台笔记本电脑放入出口仓库，将单据交给吨控部门，准备装机。

步骤十六　航班跟踪

此时，单据、货物都交给了航空公司，不能保证航空公司就能顺利按照航班点准时将这2 000台笔记本电脑装机出运。航班取消、延误等原因常导致不能准时装机出运。

北京中田物流集团从将单据、货物交给航空公司的那一刻后就需要对航班、货物进行跟踪，并对跟踪的信息进行沟通记录，有必要时还需要与四川中工科贸易有限公司进行信息反馈。

步骤十七 信息服务

信息服务主要是北京中田物流集团给所有托运人提供信息查询的平台。当托运人已经将货物、单据交给航空公司之后，就可以登录货运代理人或承运人的相关网站进行订舱信息、审单及报关信息、仓库收货信息、交运称重信息、一程及二程航班信息、集中托运信息、单证信息等信息的查询。

步骤十八 费用结算

费用主要是四川中工科贸易有限公司、北京中田物流集团、南方航空公司三方之间就运费和杂费进行的结算。结算方式与海上运费结算方式一样，分为月结和见款放单两种。货运代理人与航空公司之间签订的是长期合作协议，有包板运输和包舱运输，双方之间的费用结算一般采用月结的形式。托运人与货运代理人之间由于合作不是很多，费用结算多采用见款放单的形式。

1. 四川中工科贸易有限公司与北京中田物流集团之间结算的费用

在运费预付的情况下，结算的费用包括航空运费、地面运输费、各种服务费和手续费。

2. 北京中田物流集团与南方航空公司之间结算的费用

航空运费、代理费、佣金。

3. 国外代理之间的费用结算和利润分成

这个时候的费用结算主要是在运费结算为到付的情况下进行的。采用运费到付形式时，北京中田物流集团为收货人先垫付运费。收货人在收到货物时，将运费付给进口方货运代理人，并将其他费用给北京中田物流集团。同时收货人处的货运代理人将代理佣金的一部分分给其收货地的货运代理人。

这样，整个航空货物出口运输代理操作就完成了。

相关链接

空运进出口操作中所需的文件及注意事项

一般货物（除特殊物品外的货物）空运进出口操作中所需的文件大致如下：

1. 出口所需文件

运输委托书、报关委托书、形式 invoice、装箱单、核销单、报关单。

2. 进口所需文件

报关委托书、形式 invoice、装箱单、运单、收货方介绍信、报关单。

3. 注意事项

（1）此类货物中部分商品另需其他报关单据，如商检证明、配额、许可证、产地证等。

（2）货物木制包装须有熏蒸证明。进口机电产品须有机电产品审批证明。

第 2 节　一般进口操作

任务　航空货物进口运输操作

学习目标

通过本单元的学习，能够顺利完成航空货物进口运输操作。

技能要点

1. 熟悉审核与确认客户运单信息的要点
2. 掌握制作空运托运单的方法
3. 熟悉识读航空进口单证的方法
4. 熟悉识读和制作空运进口报关单的方法
5. 掌握货物进口空运报关流程

操作任务

任务名称：航空货物进口运输操作

任务背景：

2011 年 3 月 28 日，上海 LADY 女装进出口公司（以下简称“LADY 女装”）传真委托北京天原货运代理有限公司（以下简称“天原货代”）接运一批由伦敦希思罗机场发来的女装。天原货代接受委托后，根据 LADY 女装的指令，这批货物在 4 月 5 日抵达北京首都机场。主运单编号为 HAE0070308，航班号为 CZ250/05，起运地为伦敦希思罗机场，分运单编号为 b20010327002。LADY 女装委托天原货代接货后于同年 4 月 12 日向海关申报进口，办理有关手续。

下面为一张由伦敦希思罗机场发来的航空货物主运单，天原货代接运并完成清关手续，保证 LADY 女装的顺利提货。

<table>
<tr><td colspan="2"></td><td>HAE0070308</td></tr>
<tr><td>Shipper's Name and Address</td><td>Shipper's Account Number</td><td rowspan="2">Not Negotiable
Air Waybill
Issued by</td></tr>
<tr><td colspan="2">ALLTANCE HUIHUI DRESS CO. , LTD
EDEN RESEARCH PRRK 8 HENRY ROAD</td></tr>
<tr><td colspan="2"></td><td>Copies 1, 2 and 3 of this Air Waybill are originals and have the same validity.</td></tr>
<tr><td>Consignee's Name and Address</td><td>Consignee's Account Number</td><td rowspan="4">It is agreed that the goods described herein are accepted in apparent good order and condition(except as noted)for carriage SUBJECT TO THE CONDITIONS OF CONTRACT ON THE REVERSE HEREOF. ALL GOODS MAY BE CARRIED BY ANY OTHER MEANS INCLUDING ROAD OR ANY OTHER CARRIER UNLESS SPECIFIC CONTRARY INSTRUCTIONS ARE GIVEN HEREON BY THE SHIPPER, AND SHIPPER AGREES THAT THE SHIPMENT MAY BE CARRIED VIA INTERMEDIATE STOPPING PLACES WHICH THE CARRIER DEEMS APPROPRIATE. THE SHIPPER'S ATTENTION IS DRAWN TO THE NOTICE CONCERNING CARRIER'S LIMITATION OF LIABILITY. Shipper may increase such limitation of liability by declaring a higher value for carriage and paying a supplemental charge if required.</td></tr>
<tr><td colspan="2">SHANGHAI LADY WOMEN'S CLOTHING IMPORT AND EXPORT COMPANY
HOB BIOTEST GROUP NO. 3
MINZHUANG ROAD XUHUI
DISTRICT SHANGHAI CHINA</td></tr>
<tr><td colspan="2">Issuing Carrier's Agent Name and City</td></tr>
<tr><td colspan="2">ALLTANCE HEATHROW</td></tr>
<tr><td colspan="2"></td><td>Accounting Information</td></tr>
<tr><td>Agent's IATA Code</td><td>Account No.</td><td rowspan="5">B/CODE

FREIGHT PREPAID</td></tr>
<tr><td colspan="2">LONDON HEATHROW</td></tr>
<tr><td colspan="2">Airport of Departure (Addr. of First Carrier) and Requested Routing</td></tr>
<tr><td colspan="2">LONDON HEATHROW</td></tr>
</table>

<table>
<tr><td rowspan="2">To</td><td colspan="5">Routing and Destination</td><td rowspan="2">Currency</td><td rowspan="2">CHGS Code</td><td colspan="2">WT/VAL</td><td colspan="2">OTHER</td><td rowspan="2">Declared Value for Carriage</td><td rowspan="2">Declared Value for Customs</td></tr>
<tr><td>By First Carrier</td><td>to</td><td>by</td><td>to</td><td>By</td><td>PPD</td><td>COLL</td><td>PPD</td><td>COLL</td></tr>
</table>

续表

HkG	CATHAY PACIFIC	BGS	MU		GBP	PP	PP	NVD	NVD

Airport of Destination	Requested Flight/Date		Amount of Insurance	INSURANCE – if carrier offers insurance and such insurance is requested in accordance with the conditions thereof, indicate amount to be insured in figures in box marked Amount of Insurance
BEIJING CHINA	CZ250 /05	CZ312/07	NIL	

Handling Information	SCI
These commodities, technology or software were exported from the United States in accordance with the Export Administration Regulations. Diversion contrary to USA law prohibited.	

No. of Pieces RCP	Gross Weight	Rate Class	Commodity Item No.	Chargeable Weight	Rate/ Charge	Total	Nature and Quantity of Goods (incl. Dimensions or Volume)
8	123.0			174.0 KGS	AS AGREED	AS AGREED	LADY SWEATER
8	123.0					AS AGREED	

Prepaid	Weight Charge	Collect	Other Charges
AS AGREED			
	Valuation Charge		Shipper certifies that the particulars on the face hereof are correct and that insofar as any part of the consignment contains dangerous goods, such part is properly described by name and is in proper condition for carriage by air according to the applicable Dangerous Goods Regulations.
	Tax		
	Total Other Charges Due Agent		
AS AGREED			
	Total Other Charges Due Carrier		
			Signature of Shipper or his Agent
Total Prepaid		Total Collect	
AS AGREED			*ALLTANCE HEATHROW*
Currency Conversion Rates		CC Charges in Dest. Currency	

		Executed on (date)	at (place)	Signature of Issuing Carrier or its Agent
For Carriers Use only at Destination	Charges at Destination	Total Collect Charges		

ORIGINAL 1 (FOR CARRIER)

操作准备

1. 针对本任务，操作准备工作内容如下：

项目	准备内容	
布置环境	软件	海关电子口岸
	硬件	计算机
	主要涉及角色	发货人、收货人、货运代理人、航空公司、海关、检验检疫局、报关行
	其他工具	纸、笔
	涉及单据	航空运单、进口货物报关单、报关委托书、国际货物交接清单
制订计划	步骤一	委托代理
	步骤二	交接单、货
	步骤三	理货与仓储
	步骤四	理单与到货通知
	步骤五	报检
	步骤六	报关
	步骤七	收费与发货

2. 国际货物交接清单，见下表：

国际货物交接清单

日期：

序号	运单号码	件数	重量（kg）	航班/日期	提货日期	备注
1						
2						
3						
4						
5						
6						
7						

交货人____________　　　　　　　　接货人__________

操作步骤

步骤一　委托代理

在确定有一批货物将要进境时，首先是国外接受货物承运的代理公司将有关货物运输的信息以传真的形式通知国内代理公司，准备接货。

收货人会收到国外发货人的接货通知。LADY 女装收到的相关信息具体如下：

运单号：HAE0070308

航班号：CZ250/05

货物名称：女式针织衫（LADY SWEATER）

货物数量：800PCS IN 8 BOXS

货物重量：174.0 kg

实际收货人及其地址：上海 LADY 女装进出口公司（SHANGHAI LADY WOMEN'S CLOTHING IMPORT AND EXPORT COMPANT NO. 3 MINZHUANG ROAD，XUHUI DISTRICT，SHANGHAI，CHINA）

天原货代在接到双方的委托代理之后，就准备完成这批货物的业务操作。

步骤二　交接单、货

航班 CZ250/05 准时在 4 月 5 日到达目的站北京，随这批针织衫到达的还有相关的单据，包括运单、发票、装箱单。运输工具和货物都处于海关监管之下。

这 8 箱针织衫卸下之后，存入了航空公司或机场的监管仓库。开始进口货物舱单的录入，将舱单上的总运单号、收货人、始发站、目的站、件数、重量、货物名称、航班号等信息通过 EDI 数据传输给海关留存，供报关用。

航空公司按照运单上指示的收货人将运输单据和货物一起交给天原货代，同时交接的还有国际货物交接清单、总运单。

国际货物交接清单

日期：

序号	货运单号码	件数	重量（kg）	航班/日期	提货日期	备注
1	PMC67297					CA9003/FRA
2	HAE0070308	8/800	174.0			CZ250/05
3						
4						
5						
6						
7						

交货人 ＊＊＊　　　　接货人 ＊＊＊＊

交接时要做到单、单核对，即交接清单与总运单核对；单、货核对，即交接清单与货物核对。核对时若出现问题可按下表做相应处理：

总运单	交接清单	货物	处理方式
有	无	有	交接清单上加总运单号
有	无	无	总运单退回
无	有	有	总运单后补
无	有	无	交接清单上画去
有	有	无	总运单退回
无	无	有	货物退回

核对无误之后，接单接货。顺利完成交接单、货的操作。

步骤三 理货与仓储

天原货代在接到货物和单据之后，将单据送回总部业务部办理报关报检，将货物短途驳运回自己的海关监管仓库，开始组织理货和仓储管理。

天原货代仓储管理人员逐票检查接运的货物，再次确认和检查货物的受损情况。检查货物完好无损之后，就按照大小货、重轻货、单票或混载货、危险贵重货、冷冻冷藏货、分别堆存和进仓。在堆存货物时，按箭头朝向、总运单号和分运单号的标志进行区分，以便在拣货配货时提高工作效率。

在实地将货物进行堆垛整理后，将货物存储区域信息录入计算机中，以便进行货物的检索。

步骤四 理单与到货通知

仓储管理人员将货物按照一定的管理规则进行分区域理货处理后，就开始针对理货的结果整理单据，保证单、货一致。

首先将总运单项下的分运单分理出来，制成清单录入计算机中，并将集中托运总运单项下发运的清单输入海关系统中，以便按照分运单分别报关、报验、提货。在理单的同时将各票总运单、分运单编上天原货代内部的流转编号，便于内部操作和客户查询。

将单据按照货物存放整理之后，仓储管理人员将每票单据逐单审核、编配。所有单证齐全、符合报关条件的即转入制单、报关程序。否则即与收货人联系催证，使之符合报关条件。

天原货代在单货全部整理完毕之后，就需要拟写到货通知，通知实际收货人提货。为了保证航空时效，减少货主的仓储费，避免滞报金，应尽快尽早通知货主具体的到货情况。

天原货代在航班到达北京后一天，就以电话、传真的形式通知 LADY 女装尽快到本公司提货。如果要由代理人送货，需要提交委托送货书。

到 货 通 知

日期：2011 年 4 月 6 日

公司名称：上海 LADY 女装进出口有限公司

运单号	HAE0070308	分运单号	
商品名称	女式针织衫	商品数量	8 箱　800 件
商品重量	174.0 KGS	商品体积	
发货公司	北京天原货运代理有限公司	发 货 地	北京
合同编号	HCJ123654886	联系电话	* * * * * * * *
联 系 人	* * *	仓库地址	北京市顺义区天竺园区
随即单据	发票、装箱单、运单		
备注提示	缺报关委托书、报关单		

天原货代打制海关监管进口货物入仓清单一式五份，用于商检、卫检、动检各一份，海关两份，其中一份海关留存，另一份海关签字后收回存档。

步骤五　报检

1. 报检委托

LADY 女装在委托办理这批女式针织衫的进口业务操作时，一并将报检操作也委托天原货代办理。

报 检 委 托 书

北京　出入境检验检疫局：

本委托郑重声明，保证遵守出入境检验检疫法律法规的规定。如有违法行为，自愿接受检验检疫机构的处罚并负法律责任。

本委托人委托受托人向检验检疫机构提交报检申请单和各种随附单据。具体委托情况如下：

本公司将于 2011 年 4 月间进口/出口如下货物：

品名	女式针织衫 LADY SWEATER	H. S. 编码	6110110039
数量	8 箱　800 件	合同号	HCJ123654886
信用证号	8000804	审批文件	
其他特殊要求	无		

续表

<table>
<tr><td>特委托 <u>北京天原货运代理有限公司</u>（单位/注册登记号），代表本公司办理下列出入境检验检疫事宜：
☑1. 办理代理报检手续；
☑2. 代缴检验检疫费；
☑3. 负责与检验检疫机构联系和验货；
☑4. 领取检验检疫证单；
☑5. 其他与报检有关的相关事宜。
请贵局按相关法律法规规定予以办理。
委托人（公章）　　受委托人（公章）
上海 LADY 女装进出口有限公司　　北京天原货运代理有限公司
2011 年 04 月 06 日　　2011 年 04 月 06 日
本委托书有效期至 2012 年 04 月 06 日</td></tr>
</table>

2. 受理报检、计费

北京出入境检验检疫局收到天原货代的报检申报之后，天原货代应持所有报检单据（运单、合同、发票、装箱单、报检委托书）到北京出入境检验检疫局完成这批进口针织衫的报检，并缴纳相关费用。

3. 实地检验检疫

北京出入境检验检疫局针对申报员提交的单据，对其提出抽检的要求。

4. 签发通关单

北京出入境检验检疫局对抽检的商品检验合格之后，即签发入境货物通关单。

中华人民共和国出入境检验检疫

入境货物通关单

编号：

<table>
<tr><td colspan="2">1. 收货人
上海 LADY 女装进出口有限公司</td><td rowspan="3">5. 标记及号码
N/M</td></tr>
<tr><td colspan="2">2. 发货人
英国伦敦希思罗 MORDEN 服装有限公司</td></tr>
<tr><td>3. 合同/提（运）单号
HCJ123654886</td><td>4. 输出国家或地区
英国</td></tr>
</table>

续表

<table>
<tr><td colspan="2">6. 运输工具名称及号码
CZ250/05</td><td colspan="2">7. 目的地
北京</td><td>8. 集装箱规格及数量
1×20′</td></tr>
<tr><td>9. 货物名称及规格
女式针织衫
LADY SWEATER</td><td colspan="2">10. H.S. 编码
6110110039</td><td>11. 申报总值
USD 128 000.00</td><td>12. 数/重量、包装数量及种类
8 箱 800 件</td></tr>
<tr><td colspan="5">13. 证明

上述货物业已报检/申报，请海关予以放行

检验检疫
专用章

签字： ××× 日期：2011.4.7</td></tr>
<tr><td colspan="5">14. 备注
* * * * * * * * * * *</td></tr>
</table>

B 6353415　　①货物通关　　[2-1-2（2010.1.1）*1]

步骤六　报关

由于货主的需求不一样，货物进口后的制单、报关、运输一般有以下几种形式：

（1）货运代理公司代办制单、报关、运输。

（2）货主自行办理制单、报关、运输。

（3）货运代理公司代办制单、报关，货主自办运输。

（4）货主自行办理制单、报关，委托货运代理公司运输。

（5）货主自办制单，委托货运代理公司办理报关和运输。

天原货代在通知 LADY 女装准备提货时，LADY 女装要求天原货代代办制单、报关、运输。

1. 委托报关

LADY 女装委托天原货代办理报关的委托书如下所示：

代理报关委托书

我单位（A. 逐票、B. 长期）委托贵公司代理 ABCD 等通关事宜。（A. 填单申报 B. 辅助查验 C. 点缴税款 D. 办理海关证明联 E. 审批手册 F. 核销手册 G. 申办减免税款 H. 其他）详见《委托报关协议》。

我单位保证遵守《海关法》和国家有关法规，保证所提供的情况属实、完整、单货相符，无侵犯他人知识产权的行为。否则，愿承担相关法律责任。

本委托书有效期自签字之日起至　　年　月　日止。

委托方（盖章）：上海 LADY 女装进出口有限公司

（法定代表人或其授权签署《代理报关委托书》的人签字）：×××

2011 年 4 月 10 日

委 托 报 关 协 议

为明确委托报关具体事项和各自责任，双方经平等协商签订协议如下：

委托方	上海 LADY 女装进出口有限公司	被委托方	北京天原货运代理有限公司	
主要货物名称	女式针织衫 LADY SWEATER	报关单编码	****	
H. S. 编码	6110110039	收到单证日期	****	
货物总价		收到单证情况	■合同	■发票
进出口日期	2011 年 4 月 10 日		■装货清单	■提单
提单号	***		□加工贸易手册	□许可证号
贸易方式	一般贸易		其他 核销单 通关单	
原产地/货源地	英国伦敦	报关收费	人民币：　***　　元	
其他要求		承诺说明：		
背面所列通用条款是本协议不可分割的一部分，对本协议的签署构成了对背面通用条款的同意		背面所列通用条款是本协议不可分割的一部分，对本协议的签署构成了对背面通用条款的同意		
委托方业务签章： 上海 LADY 女装进出口有限公司 经办人签章：　××× 联系电话：		被委托方业务签章： 北京天原货运代理有限公司 经办人签章：××× 联系电话：		

2. 填制报关单草单

天原货代在接受委托之后，依据运单、发票、装箱单及证明货物合法进口的有关批准文件填制报关单草单。

中华人民共和国海关进口货物报关单

预录入编号：　　　　　　　　　　　　　　海关编号：

进口口岸 京国际局 0114	备案号		进口日期 20110410	申报日期 20110412
经营单位 上海 LADY 女装进出口有限公司 3122213110	运输方式 航空运输	运输工具名称 CZ250/05		提运单号 HAE0070308 - b20010327002
收货单位 上海 LADY 女装进出口有限公司 3122213110	贸易方式 一般贸易 0110		征免性质 一般征税	征税比例
许可证号	起运国（地区） 伦敦	装货港 希思罗		境内目的地 北京
批准文号 WDF433434343	成交方式 FOB	运费 502/250/3	保费 000/0. 03/1	杂费
合同协议号 HCJ123654886	件数 800	包装种类 纸箱	毛重（kg） 174. 0	净重（kg） 174. 0
集装箱号 * * * *	随附单据	入境货物通关单 进口许可证 提单 提货单		用途 企业自用

标记唛码及备注

项号	商品编号	商品名称、规格型号	数量及单位	原产国（地区）	单价	总价	币制	征免
	6110110039	女式针织衫	174. 0 KGS	伦敦	160	128 000	USD	照章征税

税费征收情况

录入员　　录入单位	兹声明以上申报无讹并承担法律责任	海关审单批注及放行日期（签章）
报关员	申报单位（签章）	审单　　审价
单位地址		征税　　统计
邮编　　电话	填制日期	查验　　放行

3. 报关预录入

天原货代根据已经填制完成的报关单草单，登录海关电子口岸，完成报关预录入操作，等待海关受理本批业务。

4. 审单

海关收到天原货代的报关申请之后，天原货代可登录海关系统查看到海关是否已经受理。

海关受理之后，就需要天原货代到海关现场提交报关的全套单据，包括报关委托书、报关单纸质单、入境货物通关单、合同、发票、装箱单、核销单等。

海关根据天原货代提交的单据审核单据与货物，并准备实地查验货物。

5. 查验

海关受理报关之后，准备对申报进口的货物进行开箱检验，天原货代需要协助海关对货物实施开箱检验。

若是由 LADY 女装自行报关的货物，一般由货主到货运代理公司的监管仓库借出货物，由货运代理公司派人陪同货主一并协助海关开验。开验后，货运代理公司须将已开验的货物封存，运回监管仓库储存。

6. 放行

海关对抽验的货物检查合格之后，在运单上加盖“海关放行章”，天原货代即可顺利从海关监管仓库提取货物送与收货人。

步骤七 收费与发货

天原货代完成报关和报检等进口手续后，LADY 女装持天原货代拿来的单据，其中包括加盖有海关放行章、报检章的进口运单，到所属监管仓库提货。

天原货代海关监管仓库管理人员在发货时，应检查提货单上的各类报关、报检章，并登记提货人的姓名和联系方式，登记完信息之后，提货人需交纳相应的费用，才能够提取货物，上海 LADY 女装将运费、制单费、报关费、仓储费、装车费、铲车费、航空公司到港仓储费、海关预录入等垫付的费用一次性付清之后，天原货代完成送货任务。

费用的结算方式同样也有月结的情况，这要看双方签订的协议与相互之间的信任程度。

这样就完成了航空货物进口运输代理的业务操作流程。

相关链接

特殊物品的航空运输方式

1. 一些特殊物品的运输方式

（1）活体动植物（或动植物制品）。需动植物检疫站颁发的动植物检疫证书。注：南方航空公司急件仓不收活体动植物，应交至货台，由南方航空公司开单。

（2）麻醉药品。需卫生部药政管理局颁发的麻醉品运输凭证。

（3）音像制品。需所在地区社会文化管理委员会办公室颁发的音像制品运输传递证明。

（4）罐装液体、粉状物品。需出产厂家的物品性质证明。

（5）海鲜。需要不同的海鲜包装箱。南方航空公司和白云机场分别要用其指定的专用箱，单用泡沫箱不能装机，需外加纸箱并用打包带固定。

（6）玻璃。必须钉封闭木箱，打三角架。

（7）违禁品，如爆炸品（如炸药）、压缩气体和液压气体（如煤气）、易燃易爆液体或固体、氧化剂和有机过氧化物（乒乓球）、毒品和感染性物品、放射性物品、腐蚀品（如硫酸）、磁性物品、麻醉物品、电池等。

2. 出口物品的体积、重量要求

（1）体积

最小体积：长＋宽＋高≥40 cm 最小边≥5 cm（新闻稿件类货物除外）。

解决方法：A. 加纤袋 B. 发快件。

最大体积：依据舱门尺寸而定，如 B737 为 0.86 m×1.21 m，B757 为 1.41 m×1.12 m。

客机载运体积一般不超过 40 cm×60 cm×100 cm。货机载运体积一般不超过 100 cm×100 cm×140 cm。

（2）重量

客机载运每件货物重量一般不超过 80 kg，货机载运每件货物重量一般不超过 250 kg。

3. 本地箱、板常用规格

PIP 板：2.24 m×3.18 m。

P8P 板：2.44 m×3.18 m。

ACE 箱：容积 4.13 m^3 箱门 1.45 m×1.5 m。

DPE 箱：容积 3.4 m^3 箱门 1.0 m×1.35 m。

第 3 章

其他运输

第 1 节　公路运输操作

任务　公路运输操作

学习目标

通过本单元的学习，能够顺利完成公路货物运输操作。

技能要点

1. 掌握制作公路运输单证的方法
2. 掌握计算公路运输运费的方法

操作任务

任务名称： 公路运输操作

任务背景：

北京传奇物流有限公司（以下简称“传奇物流”）位于北京市大兴区物流园内。它以 IT 技术为主导，以通达多个城市的运输网络资源为载体，为客户提供快捷、安全、经济的站到站、门到门、门到站等多样的公路整车及零担运输服务，主要服务于对运输时效及服务质量有很高要求的客户。

2011 年 6 月 12 日，传奇物流接到鸿运食品有限公司（以下简称“鸿运食品”）和亲亲食品有限公司（以下简称“亲亲食品”）两家公司的运输要求，将两批货物分别在约定的时间内送到各公司指定的地址。

在接到运输要求后，传奇物流很快针对任务做出方案，并及时与客户进行沟通，最后将货物顺利送至指定目的地。

操作准备

1. 针对本任务，操作准备工作内容如下：

项目	准备内容	
布置环境	软件	TMS 系统
	硬件	计算机
	主要涉及角色	发货人、收货人、车队
	其他工具	纸、笔
	涉及单据	公路运单、进口货物报关单、报关委托书、国际货物交接清单
制订计划	步骤一	业务受理
	步骤二	费用核算
	步骤三	取货作业
	步骤四	集货作业
	步骤五	装车发运
	步骤六	在途跟踪
	步骤七	到达卸货
	步骤八	送货签单

2. 公路货物运单

公路货物运单

日期：　　　　　　　　　　　　运单编号：

发货人		地址		电话		装货地点					
收货人		地址		电话		卸货地点					
付款人		地址		电话		约定起运时间	月/日	约定到达时间	月/日	需要车种	
货物名称及规格	包装形式	件数	体积长×宽×高（m^3）	件重（kg）	重量（t）	货物价值	货物等级	计费项目			
								项目	里程	单价	金额
								运费			
								装卸费			
								单程空驶			
								损失费			
								保价费			
合计					万　仟　佰　拾　元						

续表

<table>
<tr><td>托运人记载事项</td><td></td><td>付款人银行账号</td><td></td><td>承运人记载事项</td><td></td><td>承运人银行账号</td><td></td></tr>
<tr><td>注意事项</td><td colspan="5">1. 货物名称应填写具体品名，如货物品名过多，不能在运单内逐一填写，必须另附货物清单
2. 保险或保价货物应在相应价格栏中填写货物声明价格</td><td>托运人
签单
年 月 日</td><td>承运人
签章
年 月 日</td></tr>
</table>

操作步骤

步骤一　业务受理

传奇物流客服部门的业务员接到鸿运食品和亲亲食品的业务委托之后，首先登录公司客户信息网查询公司业务和客户信誉等级及双方合作关系。业务员查看自己的邮箱，查收鸿运食品和亲亲食品的发货通知单，具体内容如下：

TO：北京传奇物流有限公司

我司有一批食品需从北京发往上海，具体信息见下表：

序号	商品名称	数量	单位	重量（t）	体积（m^3）	到货日期
1	果蔬饮品	15	箱	6	4	2011－06－20
2	风味牛奶	20	箱	8	5	2011－06－20
3	彩虹软糖	10	箱	2	1	2011－06－20
4	奇巧饼干	20	箱	4	15	2011－06－20
收货地址：	上海市徐汇区中北路×号　邮编：200350					
联系人：	×××（经理）					
电话：	021－3451××××、136××××××××、传真：021－1230××××					

急需发运！收到请回复！

FROM：鸿运食品有限公司　×××（经理）

010－5078××××　　137××××××××

北京市通州区宋庄经济开发区×××号

邮编：110009

传真：010－1555××××

TO：北京传奇物流有限公司

我司有 15 m^3（约 4 t）纸箱包装的奇巧饼干 20 箱待发运。从北京工厂发至上海，明日即可取货！

收到请回复！

FROM：亲亲食品有限公司　×××（经理）
010－5465××××　138××××××××
北京市通州区宋庄经济开发区×××号
邮编：110009
传真：010－1264××××

传奇物流收到发货通知后，应及时与客户进行沟通、核对信息。

1. 鸿运食品的收货人信息：

收货人：×××（经理）

收货单位：鸿运食品有限公司

联系方式：021－3451××××、136××××××××

收货地址：上海市徐汇区中北路×号、邮编：200350

传真：021－1230××××

2. 鸿运食品的取货联系人信息：

取货联系人：×××

联系电话：137××××××××

取货地址：北京市通州区宋庄经济开发区×号、邮编：110009

业务员用电话和亲亲食品公司取得了联系，进一步获得了以下信息：

3. 亲亲食品的收货人信息：

收货人：×××（经理）

收货单位：上海天利食品有限公司

联系方式：021－3265××××、137××××××××

收货地址：上海市闵行区天河南路×××号、邮编：200117

传真：021－1230××××

4. 亲亲食品的取货联系人信息：

取货联系人：××

联系电话：138××××××××

取货地址：北京市通州区宋庄经济开发区×××号、邮编：110009

步骤二　费用核算

基本信息核对完成之后，业务员要与客户确定相关费用。

1. 确定货物等级

经查阅《普通货物运价分等表》及《特种货物运价分等表》可知：这些食品属于普通货物——三等货物——糖果、糕点，即本任务中的货物属于普通货物中的三等。

2. 确定货物计费重量

根据已知数据，以鸿运食品将要发运的货物为例计算。

运送货物的总体积共 10×（4+5+1）m^3，重量为 16×（6+8+2）t，每立方米的重量为 1.6 t（1 600 kg），按照标准，此货物单位体积重量已经超过 333 kg/m^3 的标准。计费重量按一般货物计，总重为 16 t。

3. 确定计费里程

经查阅全国主要城市间公路里程表可知，北京至上海的距离是 1 262 km。

4. 确定货物基本运价

经查阅参考公司当日北京至上海的货运价目表后，确定该货物按照整批货物发运，每立方米 200 元。

5. 运费计算公式

综合上述因素，考虑计费重量及整批货物运输价格，最后确定鸿运食品的运输费用为 15 000 元，亲亲食品的运输费用为 18 000 元。

步骤三　取货作业

传奇物流业务员与鸿运食品和亲亲食品确认运费，双方达成协议之后，传奇物流就分别将双方的运输要求录入订单管理系统。

传奇物流调度处接到运单之后，接收到取货指令并安排车辆准备取货。安排好司机和车辆后，马上开始处理信息系统并准备相关单据。

1. 新增取派调度单

首先进入到 TMS 系统待取/派模块，查询到两条运单记录，经核对确认与计划调度传递的运单信息是一致的。按照之前做好的安排，两批货物用同一辆车去取，将两条运单记录全部选中，然后单击“进入取派调度”按钮，TMS 系统进入下图所示界面：

2. 录入取派车辆

在取派调度界面进行新增取派调度单操作，将实际安排好的司机和车辆等相关信息录入取派调度单。

保存信息后，取派调度界面便会增加一条运单信息，单击“加入”按钮后。

3. 录入取派费用

单击“确定”按钮将已选中的运单加入该取派调度单后，系统会要求填写取派费用。

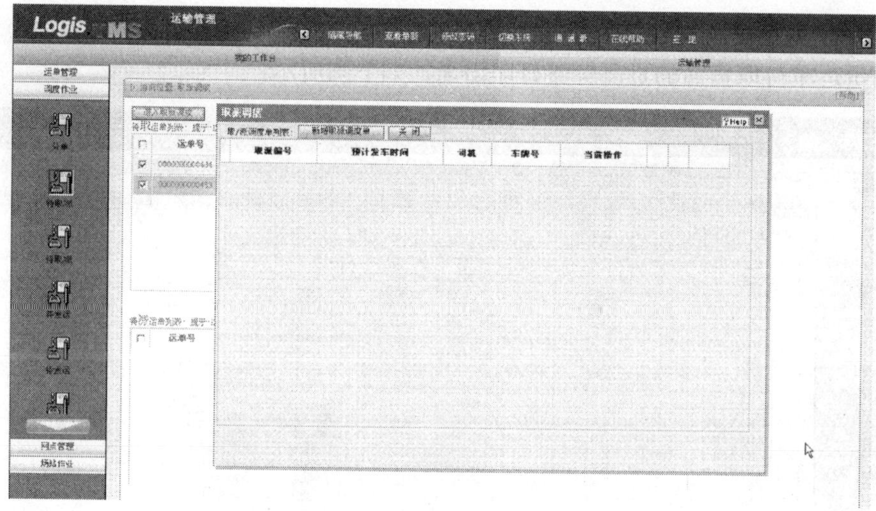

新增取派调度单

4. 打印取（派）通知单

按之前商妥的取派费用填写系统后单击“保存”按钮，然后选择“打印”。

单击“确定”按钮后，即可打印。打印完成即可单击“提交”按钮，待取/派模块的信息系统则处理完毕。打印完成的取（派）通知单如下：

<table>
<tr><td>单号</td><td colspan="3">TD0010338</td><td>操作站</td><td colspan="2"></td></tr>
<tr><td rowspan="2">资源</td><td>车辆</td><td colspan="2">京 AP2461</td><td>车型</td><td colspan="2"></td></tr>
<tr><td>操作员</td><td colspan="2">人</td><td>预计操作时间</td><td colspan="2">小时</td></tr>
<tr><td>总数量</td><td>65.0 件</td><td>总重量</td><td>20 000.0 kg</td><td>总体积</td><td colspan="2">25.0 m^3</td></tr>
</table>

客户信息

运单号	顺序号	地址	电话	姓名	类型	返单	收款
0000000000484	1	北京市通州区宋庄经济开发区×号	010－5465××××	×××	在取	是	否
0000000000483	2	北京市通州区宋庄经济开发区×号	010－5078××××	×××	在取	是	否

货品信息

<table>
<tr><td>运单号</td><td>货品名称</td><td>件数（件）</td><td>重量（kg）</td><td>体积（m^3）</td><td>备注</td></tr>
<tr><td>0000000000484</td><td>奇巧饼干</td><td>20</td><td>4 000</td><td>15</td><td></td></tr>
<tr><td>0000000000483</td><td>彩虹软糖</td><td>10</td><td>2 000</td><td>1</td><td></td></tr>
<tr><td>0000000000483</td><td>果蔬饮品</td><td>15</td><td>6 000</td><td>4</td><td></td></tr>
<tr><td>0000000000483</td><td>风味牛奶</td><td>20</td><td>8 000</td><td>5</td><td></td></tr>
<tr><td colspan="3">填表人：</td><td>填表时间：</td><td colspan="2">年　月　日</td></tr>
</table>

取（派）通知单

5. 打印货品标签

将两份运单待取货品的货品标签打印出来，如下图所示：

▷ 当前位置:打印货签

选择需要打印的货品标签：全选（☑）

1）标签号[0000000004840200013611] 运单号[000000000484] 货品名称[奇巧饼干] 始发站[北京站] 目的站[上海站] 件数/总件数[1/] ☑
2）标签号[0000000004840200023660] 运单号[000000000484] 货品名称[奇巧饼干] 始发站[北京站] 目的站[上海站] 件数/总件数[2/] ☑
3）标签号[0000000004840200033709] 运单号[000000000484] 货品名称[奇巧饼干] 始发站[北京站] 目的站[上海站] 件数/总件数[3/] ☑
4）标签号[0000000004840200043758] 运单号[000000000484] 货品名称[奇巧饼干] 始发站[北京站] 目的站[上海站] 件数/总件数[4/] ☑
5）标签号[0000000004840200053807] 运单号[000000000484] 货品名称[奇巧饼干] 始发站[北京站] 目的站[上海站] 件数/总件数[5/] ☑
6）标签号[0000000004840200063856] 运单号[000000000484] 货品名称[奇巧饼干] 始发站[北京站] 目的站[上海站] 件数/总件数[6/] ☑
7）标签号[0000000004840200073905] 运单号[000000000484] 货品名称[奇巧饼干] 始发站[北京站] 目的站[上海站] 件数/总件数[7/] ☑
8）标签号[0000000004840200083954] 运单号[000000000484] 货品名称[奇巧饼干] 始发站[北京站] 目的站[上海站] 件数/总件数[8/] ☑
9）标签号[0000000004840200094003] 运单号[000000000484] 货品名称[奇巧饼干] 始发站[北京站] 目的站[上海站] 件数/总件数[9/] ☑
10）标签号[0000000004840200103610] 运单号[000000000484] 货品名称[奇巧饼干] 始发站[北京站] 目的站[上海站] 件数/总件数[10/] ☑
11）标签号[0000000004840200113659] 运单号[000000000484] 货品名称[奇巧饼干] 始发站[北京站] 目的站[上海站] 件数/总件数[11/] ☑
12）标签号[0000000004840200123708] 运单号[000000000484] 货品名称[奇巧饼干] 始发站[北京站] 目的站[上海站] 件数/总件数[12/] ☑
13）标签号[0000000004840200133757] 运单号[000000000484] 货品名称[奇巧饼干] 始发站[北京站] 目的站[上海站] 件数/总件数[13/] ☑
14）标签号[0000000004840200143806] 运单号[000000000484] 货品名称[奇巧饼干] 始发站[北京站] 目的站[上海站] 件数/总件数[14/] ☑
15）标签号[0000000004840200153855] 运单号[000000000484] 货品名称[奇巧饼干] 始发站[北京站] 目的站[上海站] 件数/总件数[15/] ☑
16）标签号[0000000004840200163904] 运单号[000000000484] 货品名称[奇巧饼干] 始发站[北京站] 目的站[上海站] 件数/总件数[16/] ☑
17）标签号[0000000004840200173953] 运单号[000000000484] 货品名称[奇巧饼干] 始发站[北京站] 目的站[上海站] 件数/总件数[17/] ☑
18）标签号[0000000004840200184002] 运单号[000000000484] 货品名称[奇巧饼干] 始发站[北京站] 目的站[上海站] 件数/总件数[18/] ☑
19）标签号[0000000004840200194051] 运单号[000000000484] 货品名称[奇巧饼干] 始发站[北京站] 目的站[上海站] 件数/总件数[19/] ☑
20）标签号[0000000004840200203658] 运单号[000000000484] 货品名称[奇巧饼干] 始发站[北京站] 目的站[上海站] 件数/总件数[20/] ☑

请选择打印机：Argox [打印货签]

打印货品标签

6. 传递单据、空车出站

将货品标签、运单和取（派）通知单传递至站务员，站务员接收单据做好记录并传递给货运主管，由货运主管安排好取货、收货的货运员和装卸搬运机械，做好取货、收货准备。

空车出站取货后，在 TMS 系统内做取派操作的出站处理，直接单击“出站”按钮。

至此，取货作业单据的准备与系统的处理已操作完毕，取货货运员带取（派）通知单、运单及其他提货凭证，与司机会合，跟车到达取货地点，办理取货相关手续：持运单清点验收托运货物，补充填写运单信息，请托运人核实运单信息后在上面签字确认，并将托运人联交给托运人。

货运员对货物验收无误后，按装车作业标准操作装车，锁好车门返回场站。

至此，取货作业操作完毕，接下来在集货作业任务中将会继续重车返场后的进站及交接作业。

步骤四　集货作业

1. 编制运输计划

计划调度在 TMS 系统内查询到任务后，首先对订单号为 OR－0000000013166 和 OR－0000000013167 的两条订单信息进行分析，登录 TMS 系统对资源进行查询，具体信息如下图所示：

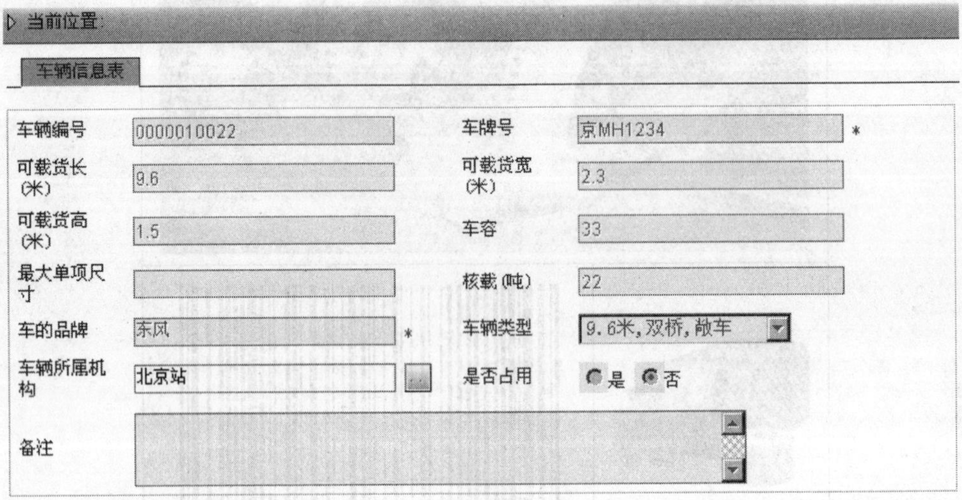

▷ 当前位置：

车辆信息表

车辆编号	0000010022	车牌号	京MH1234 *
可载货长（米）	9.6	可载货宽（米）	2.3
可载货高（米）	1.5	车容	33
最大单项尺寸		核载（吨）	22
车的品牌	东风 *	车辆类型	9.6米，双桥，敞车
车辆所属机构	北京站	是否占用	○是 ●否
备注			

查询

安排的司机为分供方长远快运所属，具体信息如下图所示：

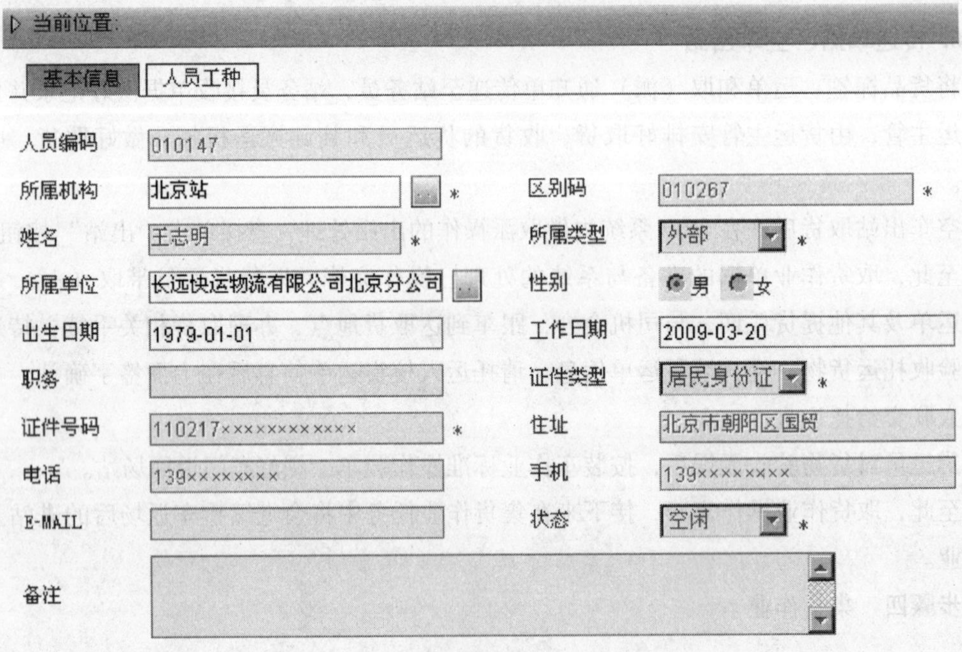

▷ 当前位置：

基本信息 人员工种

人员编码	010147		
所属机构	北京站 *	区别码	010267 *
姓名	王志明 *	所属类型	外部 *
所属单位	长远快运物流有限公司北京分公司	性别	●男 ○女
出生日期	1979-01-01	工作日期	2009-03-20
职务		证件类型	居民身份证 *
证件号码	110217×××××××××××× *	住址	北京市朝阳区国贸
电话	139××××××××	手机	139××××××××
E-MAIL		状态	空闲 *
备注			

查询信息

查询完信息之后，首先打开运输计划的模板，见下表：

运 输 计 划

发运时间：　　年　　月　　日　　　　　　　　　　　　　　编号：

车牌号		核载（t）		车容（m^3）			始发站	经停站	目的站
计费里程（km）		司机		联系方式		到达时间			
全行程（km）		备用金（元）		预计装载量		发车时间			

经信站

发货人	发货地址	货物名称	包装	数量（件）	重量（kg）	体积（m^3）	收货人	收货地址	收货时间	备注

目的站

发货人	发货地址	货物名称	包装	数量（件）	重量（kg）	体积（m^3）	收货人	收货地址	收货时间	备注

然后根据上述的分析及资源，均衡流量、流向及时限，合理编制出运输计划，见下表：

运 输 计 划

发运时间：2011 年 06 月 13 日　　　　　　　　　　　　　　编号：TP100304010001

车牌号	京 MH1234	核载（t）	22	车容（m^3）	33		始发站	经停站	目的站
计费里程（km）	1 490	司机	王志明	联系方式	139×××× ××××	到达时间			3 月 18 日
全行程（km）	1 490	备用金（元）	—	预计装载量	20 t	发车时间	5 月 15 日		

经停站

发货人	发货地址	货物名称	包装	数量（件）	重量（kg）	体积（m^3）	收货人	收货地址	收货时间	备注

续表

目的站										
发货人	发货地址	货物名称	包装	数量（件）	重量（kg）	体积（m^3）	收货人	收货地址	收货时间	备注
鸿运食品	通州区	果蔬饮品	纸箱	15	6 000	4	鸿运食品	上海站	6-20	
鸿运食品	通州区	风味牛奶	纸箱	20	8 000	5	鸿运食品	上海站	6-20	
鸿运食品	通州区	彩虹软糖	纸箱	10	2 000	1	鸿运食品	上海站	6-20	
亲亲食品	通州区	奇巧饼干	纸箱	20	4 000	15	上海天利食品	上海站	6-20	

编制完运输计划后，开始处理系统里的订单，在调度模块进行分单操作。首先选中订单号为 OR-0000000013166 的订单，单击“分单”按钮，选择路由、运力及运输方式，然后获取运单号，如下图所示：

调度分单--运输路线规划
订单信息　订单调度
路由选择：北京到上海　按项目过滤路由
始发站　运输方式　中转站1　运输方式　中转站2　运输方式　目的站
路径　北京站　送港 提货　公路　送港 提货　--请选择--　送港 提货　--请选择--　上海站
时限　2010-06-06　2010-06-14 09:23
运力　00020057
运单号　0000000000483　获取运单号
提交　暂存　返回　预打印运单

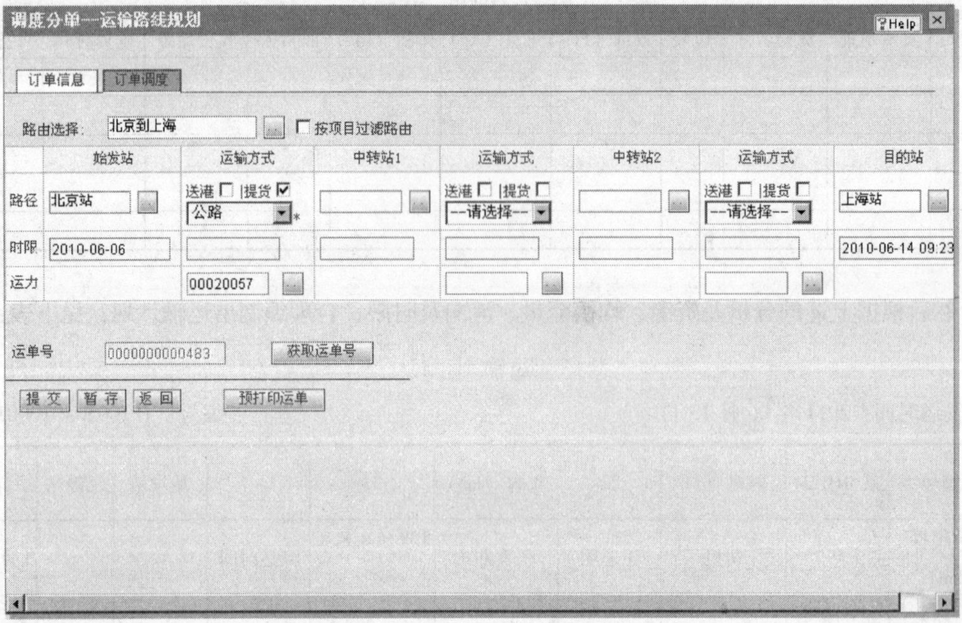

获取运单号

此时，点击“预打印运单”按钮对运单号为 0000000000483 的运单进行打印。

然后选中订单号为 OR-0000000013167 的订单点击“分单”按钮，选择路由、运力及运输方式，然后获取运单号，如下图所示：

调度分单--运输路线规划

订单信息 | 订单调度

路由选择：北京到上海 ☐ 按项目过滤路由

	始发站	运输方式	中转站1	运输方式	中转站2	运输方式	目的站
路径	北京站	送港☐ 提货☑ 公路		送港☐ 提货☐ --请选择--		送港☐ 提货☐ --请选择--	上海站
时限	2010-06-04						2010-06-14 13:38
运力		00020057					

运单号 0000000000484 获取运单号

提交 暂存 返回 预打印运单

获取运单号

此时，单击“预打印运单”按钮对运单号为0000000000484的运单进行打印。

计划调度将运输计划和运单传递至执行调度。

执行调度根据运输计划和运单填写集货单。集货单模板如下所示：

集 货 单

单据号		始发站		集货截止时间	年 月 日 时
班车编号		到达站		预计装车时间	年 月 日 时
车牌号		总数量	件	发车时间	年 月 日 时
总重量(kg)		总体积(m^3)		到站时间	年 月 日 时

序号	运单号	发货人	发货地址	货物名称	包装材料	收货人	件数（件）	重量(kg)	体积(m^3)	备注
1										
2										
3										
4										
5										
6										

续表

序号	运单号	发货人	发货地址	货物名称	包装材料	收货人	件数（件）	重量（kg）	体积（m^3）	备注
7										
8										
9										
10										
用货说明										

填表人：　　　　　　　　　　　　填表时间：　　年　　月　　日

执行调度填制的集货单如下所示：

集　货　单

单据号	GC0010196	始发站	北京站	集货截止时间	2011 年 6 月 15 日 18 时
班车编号	——	到达站	上海站	预计装车时间	2011 年 6 月 15 日 19 时
车牌号	京 MH1234	总数量	65 件	发车时间	2011 年 6 月 15 日 21 时
总重量	20 000 KGS	总体积	25 CBM	到站时间	2011 年 6 月 18 日 7 时

序号	运单号	发货人	发货地址	货物名称	包装材料	收货人	件数（件）	重量（kg）	体积（m^3）	备注
1	00483	鸿运	通州区	食品	纸箱	鸿运	45	16 000	10	
2	00484	亲亲	通州区	食品	纸箱	天利	20	4 000	15	
3										
4										
5										
用货说明										

填表人：ABC　　　　　　　　　　填表时间：2011 年 06 月 15 日

单据填制完毕，调度下达集货指令，并将集货单、运单传递给站务员；站务员接收单据，登记场站台账并及时传递给货运主管；货运主管安排货运员做好集货准备。

2. 场站集货作业

当取货货运员和取货司机带着托运人签字确认的运单和货品返回场站后，办理货物交接，并进行如下作业：

(1) 持集货单审核运单、取（派）通知单，确认为本次集货内容。

(2) 卸车同时逐批点验货物。

(3) 验收无误后在取（派）通知单上盖章签收，并留存一联交站务员。

(4) 指挥装卸工将验收完毕的货品搬入发运货位（货位号为021A，对应TMS系统在取货发车出站前要求录入的货位），经第二名货运员核对无误后，封垛标志。

(5) 调度负责在集货单上逐票签字确认并对此运单做入站扫描。TMS系统入站界面如下图所示：

取派操作　　?Help ×

直接进站　显示高级选项

货品信息

待取货品信息：

运单号	重量	体积	件数
0000000000433	16000	10	45
0000000000434	4000	15	20
总件数：			65.0

TMS系统入站界面

(6) 集货截止时间，场站货运员将集货单连同运单传递给站务员。

(7) 取货货运员到执行调度处签到，将运单和取（派）通知单相应联返回给执行调度。

(8) 站务员根据实际集货情况补充登记场站台账，及时将集货单和运单传递给执行调度。

至此，集货作业操作完毕，货物等待装车发运。

步骤五　装车发运

操作员接到集货单和运单相应联后，查询TMS系统中的集货单，单击“发运”按钮后，系统会给出如右图所示的提示：

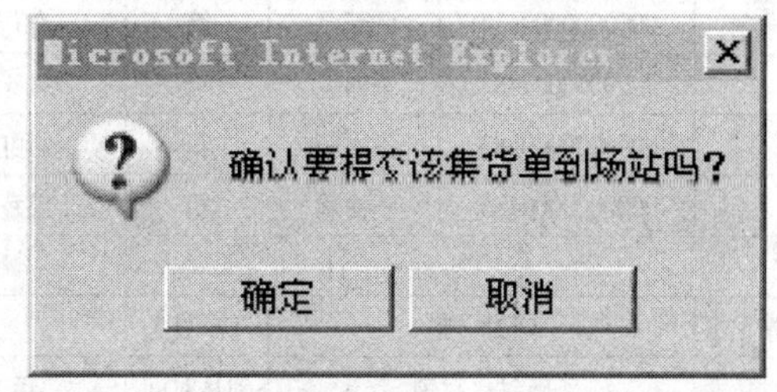

提示界面

单击“确定”按钮后，须确认分供方的干线运输费用，如下图所示：

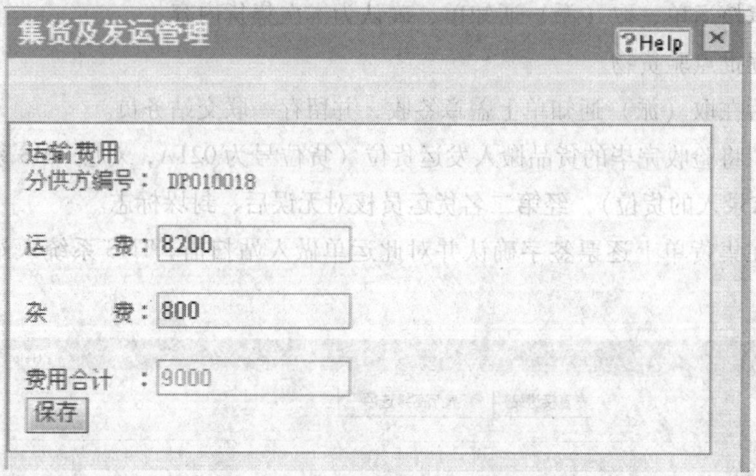

集货及发运管理　?Help

运输费用
分供方编号：DP010018

运　　费：8200

杂　　费：800

费用合计　：9000

保存

确认分供方的干线运输费用

保存费用后，即可到发运到达模块进行单据打印，如下图所示：

当前位置：发运到站

	运力编号	运力类型	起始站	目的站	车牌号	总体积	总重量	当前操作		
✓	00020057	公路	北京站	上海站	京MH1234	25	20000	出站扫描	出站	入站

TMS系统的发运到达模块

单击“出站”按钮后，将货物运输交接单打印出来，如下图所示：

货物运输交接单　　　　No：FH

始发站	北京站	车牌号	京MH1234	核载（吨）	16 004	发车时间		
目的站	上海站	车辆性质	公路	车容（m^3）	26	预达时间		
序号	运单号	客户名称	包装	货物名称	件数（件）	体积（m^3）	重量（kg）	备注
	000000000484	张新磊	箱	奇巧饼干	20	15	4 000	
	000000000483	王丽莉	箱	风味牛奶	20	5	8 000	
	000000000483	王丽莉	箱	彩虹软糖	10	1	2 000	
	000000000483	王丽莉	箱	果蔬饮品	15	4	6 000	
		合计			65.0	25.0	20 000.0	
发站记事	施封：封	随车设备		发站调度	发货人	司机	到站调度	
到站记事	施封：封锁	到达时间	年　月　日　时					
	收货及货损描述					王志明		

制单人：周捷　　　　制单时间：2011－06－15

将交接单和运单一起传递给站务员，然后司机配合进行车辆检查；站务员接收单据并传递给货运主管；货运主管安排货运员和装卸工准备装车作业，场站货运员主要负责装车事宜，并检查车辆做车辆检查记录表。

车辆检查记录表

检查日期：　　年　　月　　日　　　　　　　　　　　　　　检查人：

序号	分供方	车牌号	司机姓名	检查记录								整改后是否符合装载要求	司机确认	备注
				证照是否有效/齐全	养路费是否足额交纳	车厢平整无明显凸起/漏洞	车厢内是否干净无明显浮尘	车厢内干燥无积水	车厢内无异味	防雨用具是否齐全	捆扎、锁封用具是否齐全			
1														
2														
3														
4														
5														
6														
7														
8														
9														
10														
11														
12														
13														

货运员与司机共同监督、指挥装车。装车完毕后确认装载无异议后对车辆施封。然后由场站货运员在交接单上签注发站记事。

货运员将所有相关单据及时传递给站务员，站务员根据实际装车情况登记场站台账，留存一联交接单，将其他单据交调度。司机带着货物运输交接单和运单即开始干线运输。

调度在车辆出站后即刻以邮件形式向目的站发送到货预报，通过回执确认是否收到。

至此，装车发运作业操作完毕。

步骤六　在途跟踪

操作员登录 TMS 系统订单查询模块下的订单跟踪界面，如下图所示：

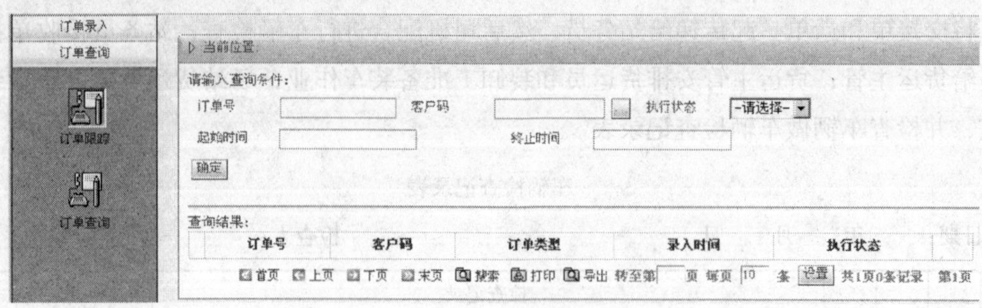

TMS 系统的订单跟踪模块

然后，在客户码处输入“鸿运食品”后，单击“确定”按钮，于是查询出客户鸿运食品的一条订单记录。

订单跟踪界面显示：2011－06－18 13：38 已安排取货。客户接到这样的反馈表示满意。

步骤七　到达卸货

上海执行调度查看预报表上的到货时间是 6 月 18 日早上 7 点，现场与司机确认车辆到达具体时间。

6 月 18 日早上，司机将随车携带的相关单据交给上海执行调度并核实货物运输交接单、运单份数、记载内容是否一致，确认无误后，将单据全部交给上海站的站务员，司机同时上报上海站的计划调度。

司机将车开到指定的收货月台后，信息登录 TMS 系统，处理信息系统的到货。首先登录到调度的待到达模块，单击“到货”按钮，然后单击“确认”按钮执行处理操作即可。如下图所示：

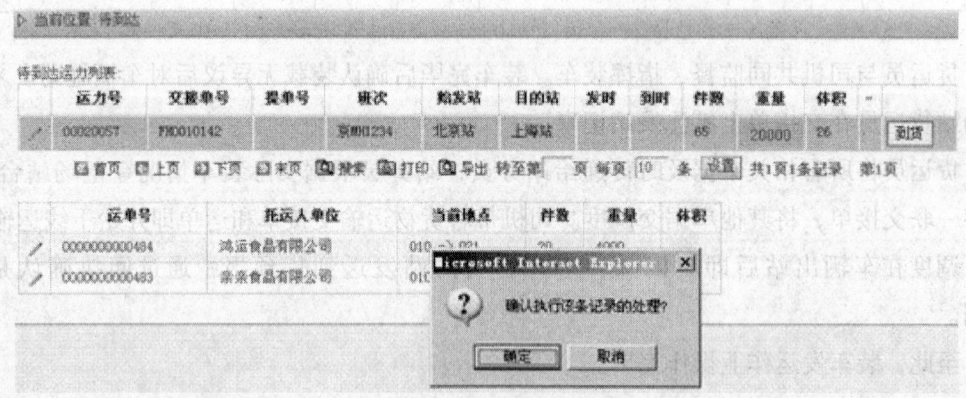

处理信息系统的到货

上海站站务员接到单据，根据货物运输交接单内容登记场站的到达台账，并及时将接到的单据交给货运主管做卸车准备。

上海站货运主管及时做好卸车作业人员、装卸搬运机械、场地货位安排，开始卸货作业。

首先核实车号，确认车号无误后，卸车作业人员与司机共同检查车辆施封状况，核对施封枚数和施封号是否与货物运输交接单记载一致；确认施封有效后，按规定进行拆封，司机打开车门卸货。

按照包装储运图示标志规范操作，对货物轻拿轻放，严禁倒置，坚决杜绝扔摔、拖拉、踩踏、蹬坐货物。

因送货车辆为分供方长远快运的车辆，因此同时卸车作业人员还要与司机办理货物交接，清点件数、查验包装。照单理货，以货运标签为参照，同一运单号的货物集中卸下装托盘，运至理货区理货，如下图所示：

理货

卸货完成后首先进行件数验收，即持货物运输交接单核对货运标签和实际货物，看收货人、件数、品名是否相符；然后进行包装验收，即检查货物包装外观有无破损、封口有无开裂、封条是否更换、包装是否有湿痕等。

验收完毕，在货物运输交接单上填写到站记事并签字确认收讫，请司机在到站栏里签字确认。

对运单做进站扫描。登录 TMS 系统场站作业发运到达模块，对待处理的信息进行入站扫描操作，单击“进站”按钮后显示如下图所示界面：

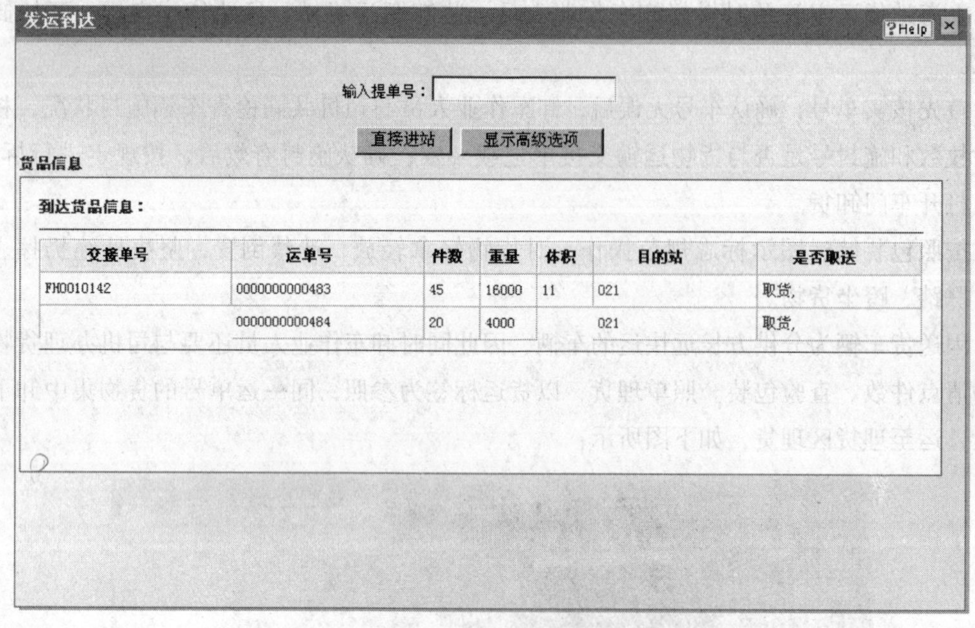

交接单号	运单号	件数	重量	体积	目的站	是否取送
FH0010142	0000000000483	45	16000	11	021	取货,
	0000000000484	20	4000		021	取货,

入站扫描操作

单击“直接进站”按钮，即货物到达进站并卸货完毕。此时，将卸下并分理好的货物逐批搬入货位，按批次堆码货物，货运标签一律朝外，货垛之间留足点货、拣货通道，封垛标志，最后还须将单据交回站务员。

站务员根据实际卸车情况登记到达台账，留存一联货物运输交接单，其余单据收齐整理好交回执行调度；将货物运输交接单转交运务统计登记运输台账，并装订留存。

至此，到达卸货作业操作完毕。

步骤八　送货签单

1. 下达送货指令

执行调度根据整理的运单号为 0000000000483 和 0000000000484 的运单进行货品属性、货量、送货线路等信息分析，然后决定派一辆车将两个客户的货品一同送出去然后分别派送卸货。

执行调度登录 TMS 系统，调用分供方、人力及车辆资源。

分供方信息如下图所示：

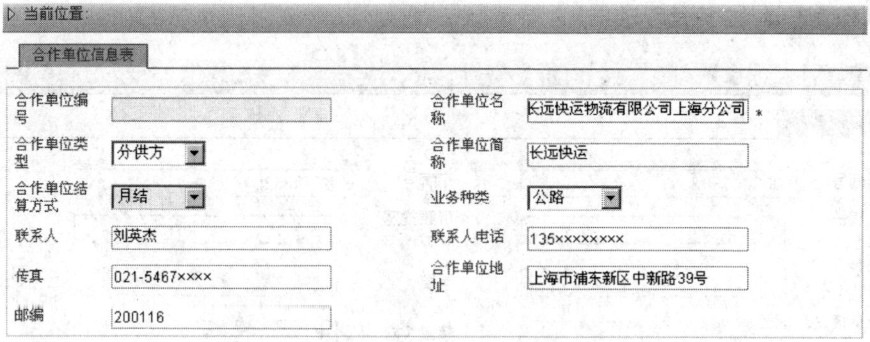

▷ 当前位置：

合作单位信息表

合作单位编号		合作单位名称	长远快运物流有限公司上海分公司 *
合作单位类型	分供方	合作单位简称	长远快运
合作单位结算方式	月结	业务种类	公路
联系人	刘英杰	联系人电话	135××××××××
传真	021-5467××××	合作单位地址	上海市浦东新区中新路39号
邮编	200116		

分供方信息

人力资源信息如下图所示：

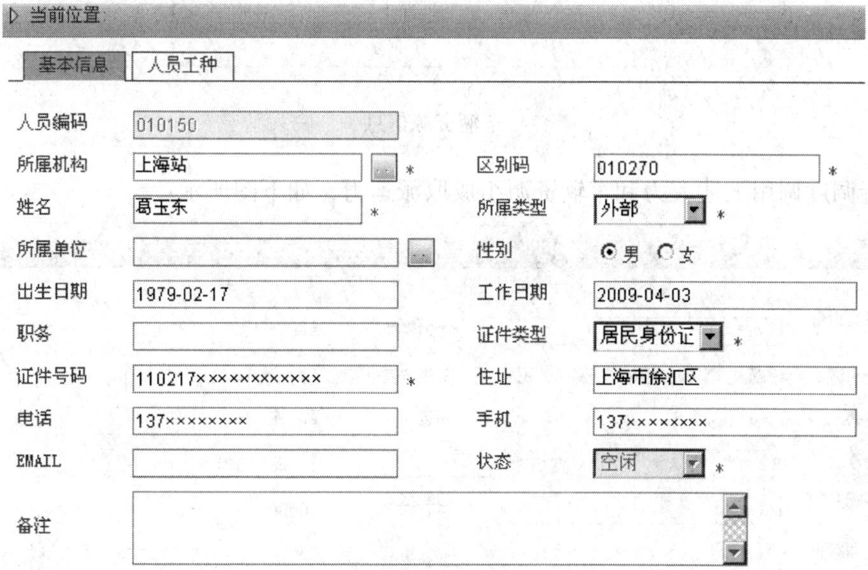

▷ 当前位置：

基本信息　人员工种

人员编码	010150		
所属机构	上海站 *	区别码	010270 *
姓名	葛玉东 *	所属类型	外部 *
所属单位		性别	⊙男 ○女
出生日期	1979-02-17	工作日期	2009-04-03
职务		证件类型	居民身份证 *
证件号码	110217×××××××××××× *	住址	上海市徐汇区
电话	137××××××××	手机	137××××××××
EMAIL		状态	空闲 *
备注			

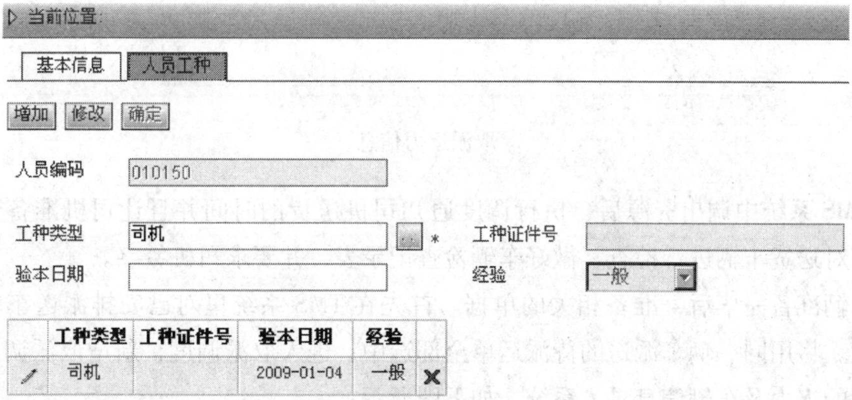

▷ 当前位置：

基本信息　人员工种

增加　修改　确定

人员编码	010150		
工种类型	司机 *	工种证件号	
验本日期		经验	一般

	工种类型	工种证件号	验本日期	经验	
✎	司机		2009-01-04	一般	✖

人力资源信息

车辆资源信息如下图所示：

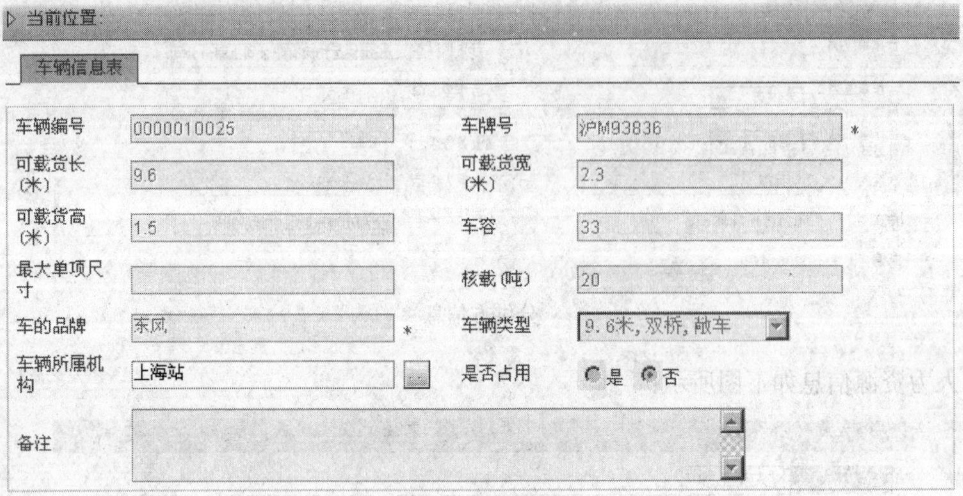

▷ 当前位置：

车辆信息表

车辆编号	0000010025	车牌号	沪M93836 *
可载货长（米）	9.6	可载货宽（米）	2.3
可载货高（米）	1.5	车容	33
最大单项尺寸		核载（吨）	20
车的品牌	东风 *	车辆类型	9.6米，双桥，敞车
车辆所属机构	上海站	是否占用	○是 ◉否
备注			

车辆资源信息

执行调度调用上述人力和车辆资源组成取派运力，如下图所示：

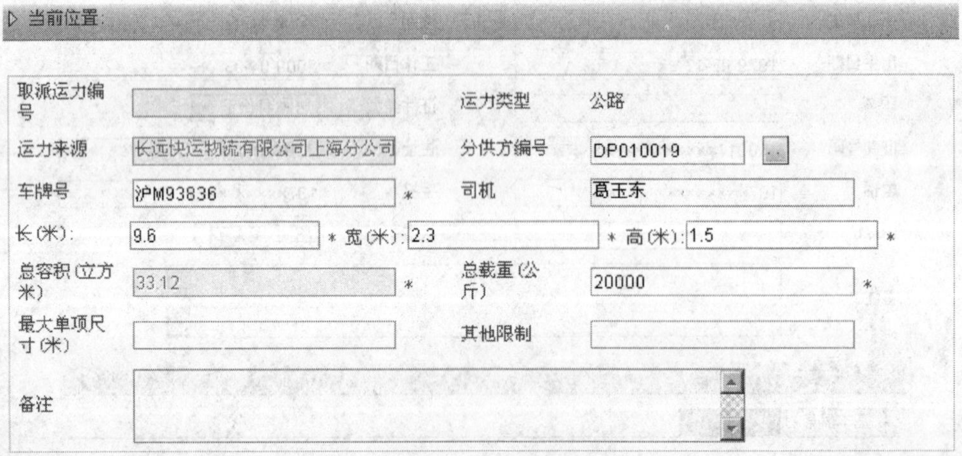

▷ 当前位置：

取派运力编号		运力类型	公路
运力来源	长远快运物流有限公司上海分公司	分供方编号	DP010019
车牌号	沪M93836 *	司机	葛玉东
长（米）：	9.6 * 宽（米）：2.3 * 高（米）：1.5 *		
总容积（立方米）	33.12 *	总载重（公斤）	20000 *
最大单项尺寸（米）		其他限制	
备注			

取派运力信息

在 TMS 系统中调出资源后，执行调度通知司机送货的时间并且让司机准备到场站装货。调度对送货车辆进行检查，做好车辆检查记录表，并要求司机签字。

在车辆准备完毕后，准备相关的单据。首先在 TMS 系统里对已安排派送车辆的运单进行调度。将用同一辆车派送的待派运单全部选中，进入取派调度，新增取派调度单，将计划调用的人力及车辆信息录入系统，如下图所示：

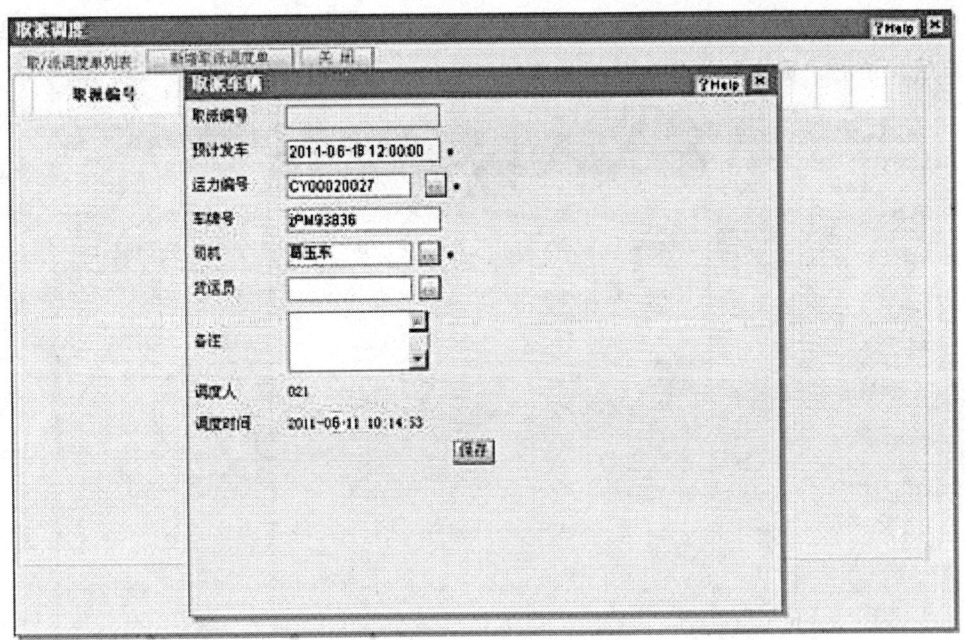

取派调度

保存取派车辆信息后，单击“加入”按钮，显示如下图所示的确认界面：

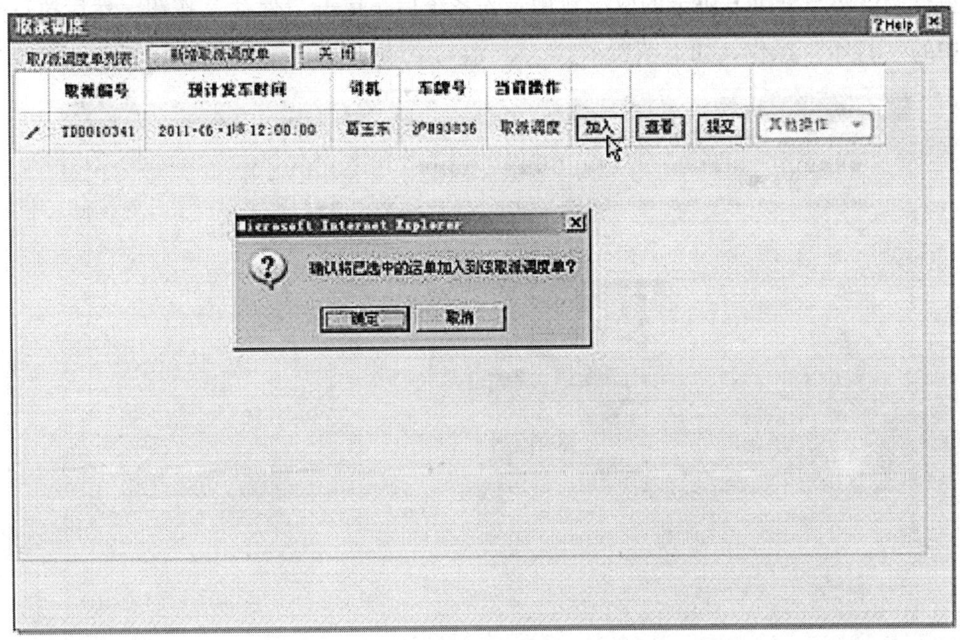

确认界面

单击“确认”按钮将运单号为0000000000483和0000000000484的运单加入到该取派调度单后，单击“提交”按钮，显示如下图所示的确认费用界面：

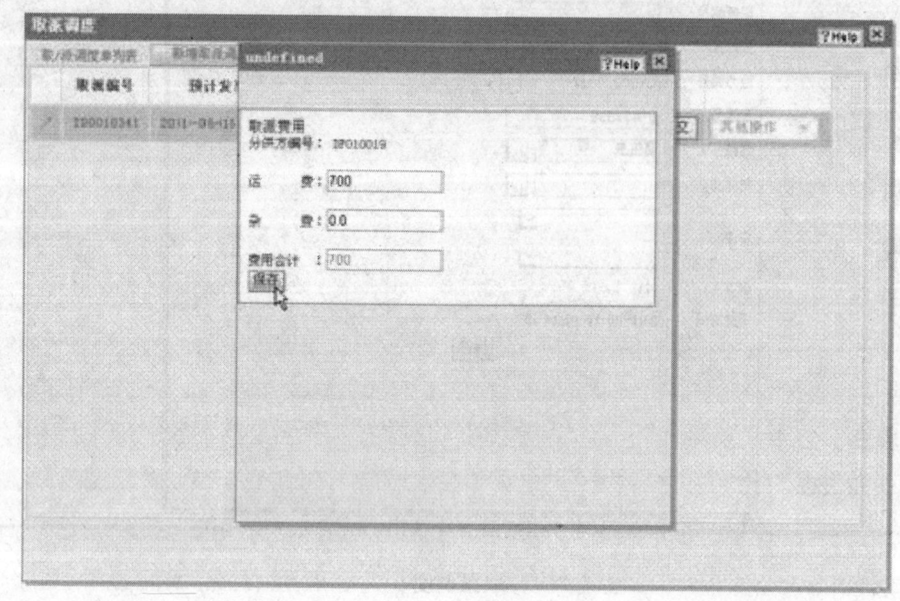

确认费用

执行调度将与分供方协定的取派费用录入系统后，单击“保存”按钮，然后执行其他操作中的“打印”操作，如下图所示：

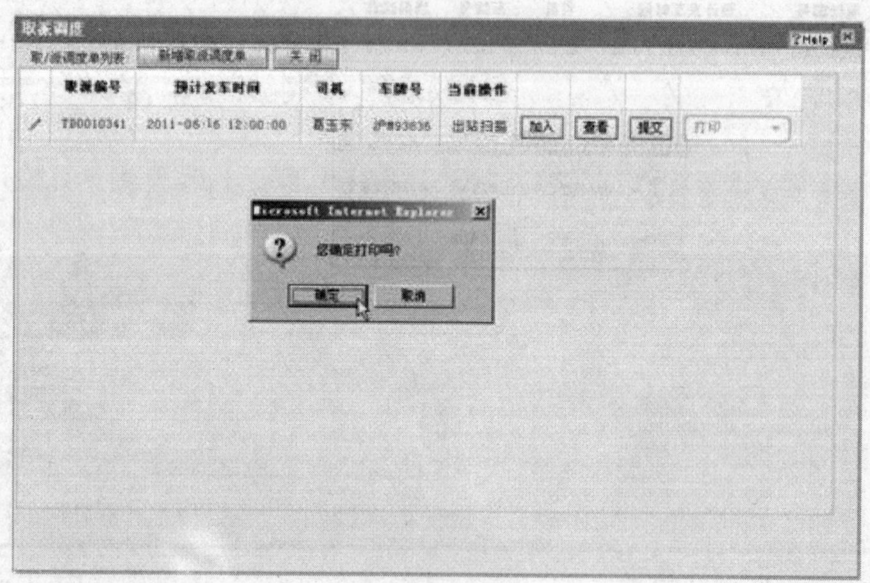

打印

单击“确定”按钮，即可将取（派）通知单打印出来，如下所示：

取（派）通知单

<table>
<tr><td>单号</td><td colspan="2">TD0010341</td><td>操作站</td><td colspan="2"></td></tr>
<tr><td rowspan="2">资源</td><td>车辆</td><td>沪 M93836</td><td>车型</td><td colspan="2"></td></tr>
<tr><td>操作员</td><td>人</td><td>预计操作时间</td><td colspan="2">小时</td></tr>
<tr><td>总数量</td><td>65.0 件</td><td>总重量</td><td>20 000.0 kg</td><td>总体积</td><td>26.0 m^3</td></tr>
</table>

客户信息

运单号	顺序号	地址	电话	姓名	类型	返单	收款
0000000000484	1	上海市闵行区天河南路×××号	137××××××××	孔雪灵	在派	是	否
0000000000483	2	上海市徐汇区中北路×号	136××××××××	李宏宇	在派	是	否

货户信息

运单号	货品名称	件数（件）	重量（kg）	体积（m^3）	备注
0000000000484	奇巧饼干	20	4 000	15	
0000000000483	彩虹软糖	10	2 000	1	
0000000000483	果疏饮品	15	6 000	4	
0000000000483	风味牛奶	20	8 000	5	
填表人：			填表时间：	年　　月　　日	

将打印出来的取（派）通知单同运单一起传递至站务员；站务员接到取（派）通知单，登记到达台账，并与运单一起交给货运主管做送货准备；货运主管安排货运员拣货、送货。

2. 场站出货

送货货运员带齐取（派）通知单、运单，准时与司机会合。场站货运员持取（派）通知单核对货运标签上的运单号、收货人、品名、件数，确认无误后搬运至出货口，与送货货运员办理货物交接。

送货货运员持运单与场站货运员办理货物交接，每收齐一票货物就在取（派）通知单上签字确认。

按到达目的地的先后顺序装车，先到后装、后到先装，装完锁好车门；货物装车、交接完毕即可出站。

场站货运员待送货车辆出站后，登录 TMS 系统处理系统取派操作，单击“直接出站”按钮，如下图所示：

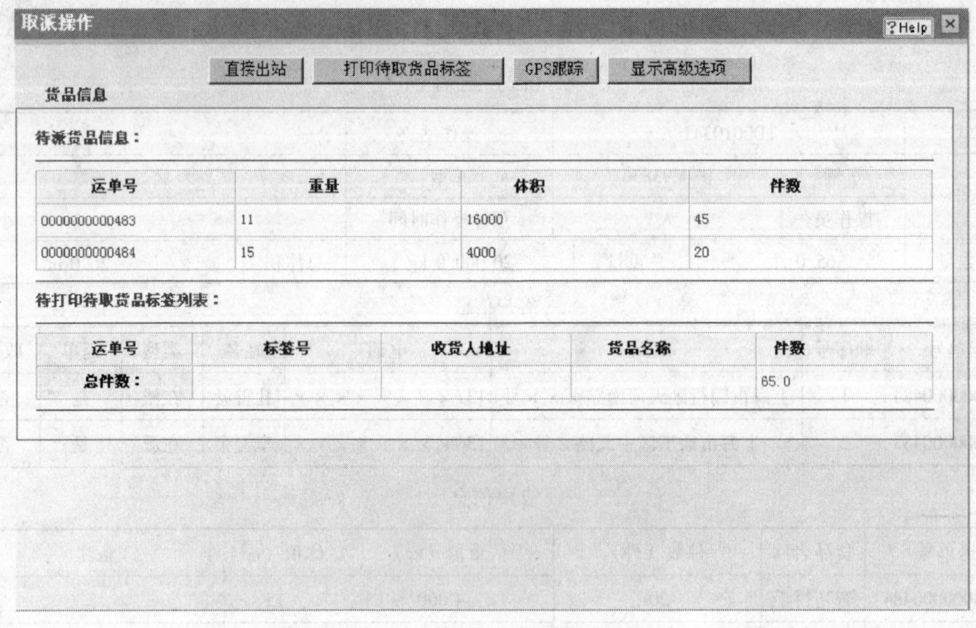

取派操作

直接出站　打印待取货品标签　GPS跟踪　显示高级选项

货品信息

待派货品信息：

运单号	重量	体积	件数
0000000000483	11	16000	45
0000000000484	15	4000	20

待打印待取货品标签列表：

运单号	标签号	收货人地址	货品名称	件数
总件数：				65.0

处理系统取派操作

3. 送货交接

送货货运员跟车准时到达送货地点。根据送货计划，首先到鸿运食品，与客户核对、清点货物，确认无误后，请收货人在相应运单上签字，收货人联留给客户。

然后到亲亲食品，同样与客户进行交接，并请收货人在相应运单上签字，收货人联留给客户。

送货货运员跟车送货完毕，持客户签收完毕的运单随空车返回场站，场站货运员进行系统的取派操作，空车直接进站，如下图所示：

4. 系统签收处理

送货车辆空车进站后，送货货运员将相关单据交给执行调度，调度将单据存档，登记运输台账。客服凭调度反馈信息，进入 TMS 系统签收录入模块，根据运单实际签收情况将相关信息录入系统进行签收处理。

至此，送货签单操作完毕。

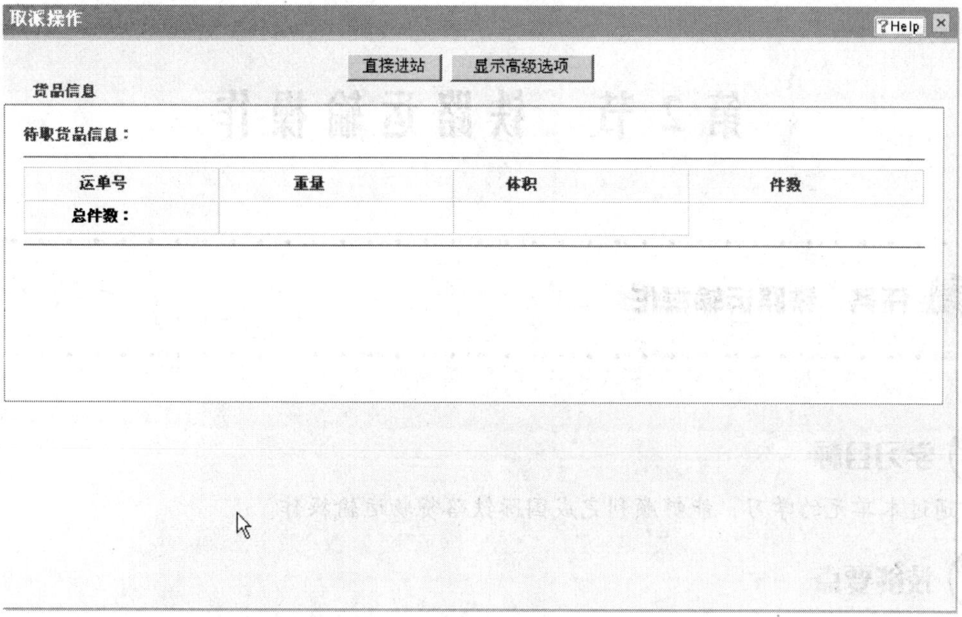

取派操作

?Help

直接进站 显示高级选项

货品信息

待取货品信息：

运单号	重量	体积	件数
总件数：			

空车直接进站

相关链接

公路运输货物种类

公路运输货物分为普通货物、特种货物和轻泡货物三种。

普通货物是指对运输、装卸、保管没有特殊要求的货物。

特种货物是指对运输、装卸、保管有特殊要求的货物。特种货物包括长大笨重货物、危险货物（需要特别防护的货物）、贵重货物（价值昂贵、在运输过程中承运人须承担较大经济责任的货物）、鲜活货物。

轻泡货物是指每立方米重量不足333 kg的货物。

第 2 节　铁路运输操作

任务　铁路运输操作

学习目标

通过本单元的学习，能够顺利完成国际铁路货物运输操作。

技能要点

掌握制作铁路运输单证的方法

操作任务

任务名称：铁路运输操作

任务背景：

石家庄华盛速达物流有限公司（以下简称“华盛物流”）是一家专门从事铁路运输代理的企业。2011 年 7 月 15 日，接到石家庄煤炭进出口贸易有限公司（以下简称“煤炭公司”）的委托，要将一批煤炭通过铁路运输至俄罗斯。华盛物流承接了这批煤炭的运输工作之后，便开始做任务分析，并顺利地完成了本次货物的运输。

操作准备

1. 针对本任务，操作准备工作内容如下：

项目	准备内容	
布置环境	软件	TMS 系统
	硬件	计算机
	主要涉及角色	发货人、收货人、车队
	其他工具	纸、笔
	涉及单据	国际铁路联运单、出口货物报关单、国际货物交接清单

续表

<table>
<tr><th>项目</th><th colspan="2">准备内容</th></tr>
<tr><td rowspan="9">制订计划</td><td>步骤一</td><td>运输申请</td></tr>
<tr><td>步骤二</td><td>业务受理</td></tr>
<tr><td>步骤三</td><td>提交单据</td></tr>
<tr><td>步骤四</td><td>填制铁路运单</td></tr>
<tr><td>步骤五</td><td>报关</td></tr>
<tr><td>步骤六</td><td>发车</td></tr>
<tr><td>步骤七</td><td>口岸交接</td></tr>
<tr><td>步骤八</td><td>退单</td></tr>
<tr><td>步骤九</td><td>费用核对</td></tr>
</table>

2. 国际铁路联运单，见下表：

<table>
<tr><td colspan="2">运 单 正 本</td><td colspan="2" rowspan="2">25
批号(检查标签)</td><td colspan="3">运单编号</td></tr>
<tr><td rowspan="2">发货站
简称
中铁</td><td>1 发货人 通信地址</td><td colspan="3">2 合同号码</td></tr>
<tr><td>5 收货人 通信地址</td><td colspan="5">3 发站
4 发货人的特别声明</td></tr>
<tr><td colspan="2">6 对铁路无约束力的记载</td><td colspan="5">26 海关记载</td></tr>
<tr><td colspan="2" rowspan="3">7 通过的国境站</td><td colspan="5">27 车辆 28 标记载重 29 轴数
30 自重 31 换装后的货物重量</td></tr>
<tr><td>27</td><td>28</td><td>29</td><td>30</td><td>31</td></tr>
<tr><td></td><td></td><td></td><td></td><td></td></tr>
<tr><td colspan="2" rowspan="2">8 到达路和到站</td><td></td><td></td><td></td><td></td><td></td></tr>
<tr><td></td><td></td><td></td><td></td><td></td></tr>
</table>

9 记号、标记、号码	10 包装种类	11 货物名称	12 件数	13 发货人确定的重量 (kg)	32 铁路确定的重量 (kg)

续表

<table>
<tr><td>14 共计件数（大写）</td><td colspan="3">15 共计重量（大写）</td><td colspan="3">16 发货人签字</td></tr>
<tr><td></td><td colspan="3"></td><td colspan="3"></td></tr>
<tr><td>17 互换托盘</td><td colspan="3">18 种类、类型</td><td colspan="3">19 所属者及号码</td></tr>
<tr><td></td><td colspan="3"></td><td colspan="3"></td></tr>
<tr><td rowspan="3">20 发货人负担下列过境铁路的费用</td><td colspan="3">21 办理种别</td><td colspan="2">22 由何方装车</td><td></td></tr>
<tr><td>整车</td><td>零担</td><td>大吨位集装箱</td><td>发货人</td><td>铁路</td><td>33</td></tr>
<tr><td colspan="2">24 货物的声明价值</td><td colspan="3"></td><td>34</td></tr>
<tr><td rowspan="7">23 发货人添附的文件</td><td colspan="5">45 封印</td><td>35</td></tr>
<tr><td colspan="2">个数</td><td colspan="3">记号</td><td>36</td></tr>
<tr><td colspan="2"></td><td colspan="3"></td><td>37</td></tr>
<tr><td colspan="2"></td><td colspan="3"></td><td>38</td></tr>
<tr><td colspan="2"></td><td colspan="3"></td><td>39</td></tr>
<tr><td colspan="2"></td><td colspan="3"></td><td>40</td></tr>
<tr><td colspan="5"></td><td></td></tr>
<tr><td>46 发站日期戳</td><td colspan="2">47 到站日期戳</td><td>48 确定重量方法</td><td colspan="2">49 过磅站戳记、签字</td><td>41</td></tr>
<tr><td rowspan="3"></td><td colspan="2" rowspan="3"></td><td rowspan="3"></td><td colspan="2" rowspan="3"></td><td>42</td></tr>
<tr><td>43</td></tr>
<tr><td>44</td></tr>
</table>

操作步骤

步骤一　运输申请

华盛物流接到煤炭公司运输委托之后，首先与其进行电话沟通，对运输的相关内容进行确认。

1. 运输方式：集装箱
2. 发送站：石家庄　　运往的国家及到站：俄罗斯
3. 货物的品名和数量：煤炭　3 000 t
4. 预计运输的时间：2011 年 7 月 20 日
5. 客户单位名称、电话、联系人等

步骤二　业务受理

华盛物流与煤炭公司确认运输的相关事宜之后，双方签订运输合同，对双方在运输过程中的权利和义务进行约束。

步骤三　提交单据

华盛物流与煤炭公司达成运输协议之后，煤炭公司便将本次运输过程中涉及的运输委托书、报关委托书、报检委托书、报关单、报检单（加盖委托单位的专用章）、合同、装箱单、发票、商检放行单、核销单等单据一并提交给华盛物流。

步骤四　填制铁路运单

华盛物流收到煤炭公司提交的全套单据之后，根据单据内容填制国际铁路联运单。

运 单 正 本

25 批号(检查标签)	
运单编号	
发货站简称	中铁
1 发货人 通信地址	石家庄煤炭进出口贸易有限公司
2 合同号码	SJZ-CK-123456
5 收货人 通信地址	俄罗斯德毅煤炭贸易公司
3 发站	石家庄
4 发货人的特别声明	无
6 对铁路无约束力的记载	
26 海关记载	
7 通过的国境站	中国　俄罗斯
27 车辆　28 标记载重　29 轴数　30 自重　31 换装后的货物重量	
8 到达路和到站	由铁路继续办理转发送至俄罗斯铁路095站

9 记号、标记、号码	10 包装种类	11 货物名称	12 件数	13 发货人确定的重量	32 铁路确定的重量
N/M	集装箱	煤炭	堆装	3000 t	

14 共计件数（大写）	15 共计重量（大写）	16 发货人签字
	3000 t	石家庄煤炭进出口贸易有限公司

17 互换托盘	18 种类、类型	19 所属者及号码
		P

20 发货人负担下列过境铁路的费用	
21 办理种别	整车　零担　大吨位集装箱
22 由何方装车	发货人　铁路
24 货物的声明价值	
45 封印	个数　记号
23 发货人添附的文件	
33	
34	
35	
36	
37	
38	

续表

				39
				40
46 发站日期戳	47 到站日期戳	48 确定重量方法	49 过磅站戳记、签字	41
				42
				43
				44

步骤五　报关

华盛物流首先根据提交的单据填制报关单草单，登录海关电子口岸进行报关单预录入，向海关进行预报关。海关受理之后，华盛物流持全套单据，包括运输委托书、报关委托书、报检委托书、报关单、报检单（加盖委托单位的专用章）、合同、装箱单、发票、商检放行单、核销单到海关进行现场审单。

海关审单完成之后，在国际铁路联运单上加盖放行章即可开始装车，准备出运。

在国际联运报关中，海关要求一车一份核销单，同时客户需要在相应的出口口岸的海关、商检办理注册备案手续。

步骤六　发车

铁路货运站根据运输计划安排，通知华盛物流送货发运。华盛物流将单据合同、发票、装箱单、报关单、国际联运单一并随同给口岸代理公司。

口岸代理根据运输计划安排，通知煤炭公司的 3 000 t 煤炭准备装车运输。

货物发运后将运单第三联交给华盛物流。

步骤七　口岸交接

当这批煤炭由车队送达口岸时，华盛物流办理货物的转关换装手续。

当车队到达外方准备装车发运后，华盛物流会将有关这批煤炭的换装时间、外方换装的车号等信息通知煤炭公司。

步骤八　退单

煤炭公司与华盛物流对这批煤炭进行换装交接后，海关会将核销单、报关单核销联退还给华盛物流。待华盛物流与煤炭公司确认运费等相关费用之后，即可将退税单据交给发货人煤炭公司。

步骤九　费用核对

国际联运的运费是以美元报价，如要以人民币支付需经国际部同意。

煤炭公司在发车后的第 5 天将运费支付给国际铁路运输部。

至此，铁路货物运输操作完成。

相关链接

国际铁路联运单的填写说明

1. 总则

运单由下列各张组成：

1——运单正本（随同货物至到站，并连同第 5 张和货物一起交给收货人）；

2——运行报单（随同货物至到站，并留存到达路）；

3——运单副本（运输合同缔结后，交给发货人）；

4——货物交付单（随同货物至到站，并留存到达路）；

5——货物到达通知单（随同货物至到站，并连同第 1 张和货物一起交给收货人）。

此外还包括为发送路和过境路准备的必要份数的补充运行报单。

第 1 张和第 5 张，以及第 2 和第 4 张应在左边相互连接。允许第 1~5 张在上边连接。

运单正面未画粗线的为运送本批货物所需填写的栏目，由发货人填写。

运单正面画粗线的各栏和背面所有各栏，均由铁路填写。

运单中记载的事项，应严格按照为其规定的各栏和各行范围填写，但第 9~11 栏的“一般说明”中规定的情况除外。

2. 运单正面

下列记号表示：

“×”——应由发货人填写；

“○”——应由铁路填写；

“×○”——应由发货人或铁路填写（视由何人办理货物装车或车辆施封而定）。

× 1 发货人，通信地址

填写发货人名称及其通信地址。发货人只能是一个自然人或法人。

由越南、中国和朝鲜运送货物时，准许填写这些国家规定的发货人及其通信地址的代号（如 6ДМ—12）。

○ 数字编码栏由发站按发送路的规定填写。

× 2 合同号码

如出口单位和进口单位的合同仅有一个号码，则发货人在该栏内应填写出口单位与进口单位签订的供货合同号码。

如供货合同有两个号码：出口单位为一个号码，进口单位为另一个号码，则发货人在该栏内填出口单位合同号码。

发货人在第 6 栏内可填写进口单位合同号码。

○ 根据发送路的规定，发站应在运单右上角第 2 栏上方标记数字编号 2 并加框 (2)。

× 3 发站

填写运价规程中所载的发站全称。

由朝鲜运送货物时，还应注明发站的数字代号。

× 4 发货人的特别声明

发货人根据《国际货协》(《国际铁路货物联合运输协定》的简称，下同）第 5、7、10、11、21 条及其他条款和《国际货协》附件第 3 号和第 4 号的规定，在该栏中填写自己的声明，例如：

——关于通过过境路绕行运送超限货物；

——关于用旅客列车运送货物；

——关于对运单的更正；

——关于运送不声明价格的家庭物品；

——关于完成海关和其他指示的声明；

——货物运送或交付发生阻碍时的指示；

——关于根据《国际货协》附件第 3 号第 4 条和第 9 条授权货物押运人的事项；

——易腐货物的运送条件。

× 5 收货人，通信地址

注明收货人的全部名称及其准确的通信地址。收货人只能是一个自然人或法人。

必要时，发货人可指示，在收货人的专用线上交货。

往越南、中国和朝鲜运送货物时，准许填写这些国家规定的收货人及其通信地址的代号（如 6дM—12）。

○ 数字编码栏按到达路的规定由到站填写。

× 6 对铁路无约束力的记载

发货人根据《国际货协》第7条第13项的规定，可以对该批货物做出记载，该项记载仅作为给收货人的通知，铁路不承担任何义务和责任。

发货人可在该栏右上角处填写进口单位合同号码。

× 7 通过的国境站

根据《国际货协》第7条第6项的规定，注明货物应通过的发送国和过境国的出口国境站。如有可能从一个出口国境站通过邻国的几个进口国境站办理货物运送，则还应注明运送所要通过的进口国境站，根据发货人注明的通过国境站确定经路。

× 8 到达路和到站

在斜线之前，应注明到达路的简称，在斜线之后，应用印刷体字母（中文用正楷粗体字）注明运价规程上到站的全称。运往朝鲜铁路的货物，还应注明到站的数字代号。

铁路使用的简称如下：

——阿塞拜疆共和国铁路 阿（塞）铁

——白俄罗斯共和国铁路 白铁

——保加利亚共和国铁路 保铁

——越南社会主义共和国铁路 越铁

——格鲁吉亚铁路 格铁

——伊朗伊斯兰共和国铁路 伊铁

——哈萨克斯坦共和国铁路 哈铁

——中华人民共和国铁路 中铁

——朝鲜民主主义人民共和国铁路 朝铁

——吉尔吉斯共和国铁路 吉铁

——拉脱维亚共和国铁路 拉铁

——立陶宛共和国铁路 立铁

——摩尔多瓦共和国铁路 摩铁

——蒙古国铁路 蒙铁

——波兰共和国铁路 波铁

——俄罗斯联邦铁路 俄铁

——塔吉克斯坦共和国铁路　　塔铁

——土库曼斯坦铁路　　土铁

——乌兹别克斯坦共和国铁路　　乌（兹）铁

——乌克兰铁路　　乌（克）铁

——爱沙尼亚共和国铁路　　爱铁

○　数字编码栏按各铁路间的协议填写。

第9~11各栏的一般说明：

在第9~11各栏内填写事项时，可不受各栏间竖线的严格限制。但是，有关货物事项的填写顺序应严格符合各栏的排列次序。

填写全部事项时，如篇幅不足，则应根据《国际货协》第7条第12项的规定，添附补充清单。

×　9　记号、标记、号码

填写每件货物上的记号、标记、号码（《国际货协》第9条第3项）。

×　10　包装种类

注明货物的包装种类。使用集装箱运送货物时，注明“集装箱”字样，并在下面用括号注明装入集装箱内货物的包装种类。

如货物运送时不需要容器或包装，并在托运时未加容器和包装，则应记载“无包装”。

×　11　货物名称

货物名称应符合《国际货协》第7条第8项的规定。按货捆办理货物运送时，还应履行《国际货协》附件第11号第9条的要求。

如使用运送用具办理运送，则在货物名称之下另写一行，注明运送用具名称。

此外，运送由押运人押运的货物时，根据《国际货协》附件第3号第9条的规定必须注明有关押运人的事项，并在相应情况下注明更换押运人的国境站名称。

在“货物名称”字样下面专设的栏内填写通用货物品名表规定的六位数字代码。

×　12　件数

注明一批货件的数量。使用集装箱运送货物时注明集装箱的数量，并在下面用括号注明装入所有集装箱内的货物总件数。

运送货捆货物时（《国际货协》附件第11号）用分数注明：货捆数目（分子），装入货捆中的货件总数（分母）。

如用敞车类货车运送不盖篷布或盖有篷布而未加封的货物，以及总件数超过100件的货物，则注明“堆装”字样，不注货件数量。

运送仅按重量不计件数承运的小型无包装制品时，注明“堆装”字样，不注件数。

如使用运送用具办理运送，则在运送用具名称同一行上，根据第11栏的填写内容注明该用具的数量。

× 13 发货人确定的重量

注明货物的总重。

用集装箱和托盘或使用其他运送用具运送货物时，注明货物重量，集装箱、托盘或其他运送用具的自重和总重。

× 14 共计件数（大写）

用大写填写第12栏（件数）中所记载的件数，即货件数量或记载“堆装”字样，而发送集装箱货物时，注明第12栏括号中记载的装入集装箱内的货物总件数。

× 15 共计重量（大写）

用大写填写第13栏（发货人确定的重量）中所载的总重量。

× 16 发货人签字

发货人应签字证明列入运单中的所有事项正确无误。发货人的签字也可用印刷的方法或加盖戳记办理。

× 17 互换托盘

该栏内的记载事项仅与互换托盘有关。

注明托盘互换办法（如“EUR”），并分别注明平式托盘和箱式托盘的数量。

所有其他托盘均为运送用具，与这些托盘有关的事项载入第18、19两栏。

× 18 种类、类型

在发送集装箱货物时，应注明：

——集装箱种类（小吨位、中吨位、大吨位）；

——集装箱类型［小吨位和中吨位集装箱容积以立方米表示，大吨位集装箱，长度以英尺20、30或40（6 058 mm、9 125 mm或12 192 mm）表示］。

使用运送用具时，应注明该用具的种类（如篷布、挡板）。

填写全部事项时，如篇幅不足，则应根据《国际货协》第7条第12项的规定，添附补充清单。

例 1：种类——小吨位

类型——1 米 3

例 2：种类——大吨位

类型——20

× 19 所属者及号码

在运送集装箱时，应注明集装箱所属记号和号码。未注明所属记号，采用大写拉丁字母。

对不属于铁路的集装箱，应在集装箱号码之后注明大写拉丁字母“P”。

使用属于铁路的运送用具时，应注明运送用具所属记号和号码（如果有此号码）。

使用不属于铁路的运送用具时，应注明大写拉丁字母“P”（如果有运送用具记号和号码）。

填写全部事项时，如篇幅不足，则应根据《国际货协》第 7 条第 12 项的规定，添附补充清单。

× 20 发货人负担下列过境铁路的费用

注明根据《国际货协》第 15 条由发货人负担过境铁路费用的过境铁路简称（见第 8 栏的说明）。

如发货人不负担任一过境铁路的费用，则发货人应记载“无”字样。

在数字编码栏内按照货物运送的先后顺序，填写发货人所指出的过境铁路的编码。各路使用的编码如下：

阿（塞）铁—57　　白铁—21

保铁—52　　越铁—32

格铁—28　　哈铁—27

中铁—33　　朝铁—30

吉铁—59　　拉铁—25

立铁—24　　摩铁—23

蒙铁—31　　波铁—51

俄铁—20　　塔铁—66

土铁—67　　乌（兹）铁—29

乌（克）铁—22　　爱铁—26

例如：

中铁与保铁联运

发货人负担蒙铁、俄铁和摩铁的运送费用。

× 21 办理种别

不需要者画消（《国际货协》第8条第1项）。

× 22 由何方装车

不需要者画消（《国际货协》第9条第4项）。

× 23 发货人添附的文件

注明发货人在运单上添附的所有文件（出口许可证、履行海关和其他规定所需的文件、证明书、明细表、运单的补充清单等）。

根据《国际货协》第7条第12项的规定，如运单上附有补充清单，则在该栏内记载添附补充清单的张数。

× 24 货物的声明价格

用大写注明货物价格（《国际货协》第10条）。

○ 25 批号（检查标签）

在该栏上半部注明发送路和发站的数字编码。

在该栏下半部按发送路的现行国内规章的规定，填写批号。

例1：对使用五位数加一位检查数表示发站编码的发送路适用

例2：对使用五位数而无检查位数或使用四位数加一位检查数表示发站编码的发送路适用

此外，在采用检查标签时，还必须在第二张（运行报单）和第一份补充运行报单（存根）的第25栏内，各贴附一份检查标签。检查标签应符合《国际货协》附件第12.5.1号的样式。

26 海关记载

该栏供海关记载之用。

×○ 第27～30各栏的一般说明

这些栏用于记载使用车辆的事项，只在运送整车货物时填写。

关于车辆的事项由发货人或发站（视由何方装车而定）填写。当在国境站将整车货物换装到另一种轨距的车辆或在途中换装时，换装站应将原车辆记载事项画消，但原字迹须能辨认，并应在下面记载货物换装后每一车辆的事项。

填写货物换装后车辆事项时，如篇幅不足，换装站应编制必要数量的补充清单（运单第1、2、4、5各张以及每份补充运行报单各需一份），并将其添附在运单和各份补充运行报单上。第27～30各栏的最后一行应注明“续见补充清单”。

为押运人提供单独车辆时，还必须记载有关该车辆的相应事项并在下面注明"（押运人用的车辆）"（《国际货协》附件第3号第9条）。

在其余情况下，都适用《国际货协》第7条第12项的规定。

×○　27　车辆

注明车种、车号和车辆所属路简称。如车辆上无车种标记，则按发送路的现行国内规章填写车种。

例：KP 24538746 俄铁

如车辆有12位数码，则不填写上述事项，而应填写如下号码：

例：2154 126 0513 0

×○　28　标记载重

填写车辆上记载的载重量。

如使用标有"ABC"标记的车辆，则写上字母"C"及其下面所注的最大重量，以此作为载重量。

×○　29　轴数

填写所使用的车辆的轴数。

×○　30　自重

填写车辆上记载的自重。

当用过磅的方法确定空车重量时，车辆上记载的自重作为分子，而过磅确定的自重作为分母。

○　31　换装后的货物重量

货物换装运送时，应注明换装后铁路确定的重量。

将货物从一辆车换装数辆车时，换装后每辆车的货物重量应分别记载。

○　32　铁路确定的重量

注明铁路确定的货物重量。

○　33～44　数字编码栏

各栏供铁路填记事项之用。各路只能在其留存的各张运单上或补充运行报单上填记数字编码。

参加运送的铁路，可商定共同使用上述各栏的办法。

×○　45　封印个数和记号

根据《国际货协》第9条第8项或附件第8号第12条的规定，填写车辆或集装箱上施加的封印的个数和所有记号。

○ 46 发站日期戳

货物承运后，发站在运单的所有各张和补充运行报单上加盖发站日期戳，作为缔结运输合同的凭证。

○ 47 到站日期戳

货物到达到站后，到站在运单的第1、2、4和5张上加盖到站日期戳。

×○ 48 确定重量方法

注明确定货物重量的方法，如“用轨道衡”“用衡器”“按标准重量”“按货件上标记的重量”“丈量法”。

如由发货人确定货物重量，则发货人还应在该栏内注明关于确定货物重量的方法的事项。

○ 49 过磅站戳记、签字

在32栏中记载的重量以过磅站戳记和司磅员签字证明。

× 50 附件第2号□

根据《国际货协》附件第2号托运危险货物时，必须在方框内画对角线（×）。

如果该栏中方框和“附件第2号”字样为黑色，则发货人在根据《国际货协》附件第2号托运至中华人民共和国、俄罗斯联邦及相反方向和过境这些国家的危险货物时，除在运单货物名称下画一横线，还应同时在运单第一张货物名称下画一横线。